Die Dad Joke Bibel

In über 150 Witzen zum Super-Dad.

1. Auflage

Copyright 2024 – Julian Pimat & Robin Weinreich

Alle Rechte vorbehalten.

Das Werk darf - auch teilweise - nur mit Genehmigung des Verlags vervielfältigt werden.

Umschlaggestaltung: © Copyright by Julian Pimat & Robin Weinreich

ISBN: 9783989355828

Lucid Page Media (ein Imprint der Orbita Media GmbH)

Ericusspitze 4

20457 Hamburg

Deutschland

kontakt@lucidpagemedia.de

Für alle Dads da draußen.

Inhalt

1. Die 10 Gebote für Dad Jokes   14

2. Dads am Esstisch   21

3. Dads beim Autofahren   27

4. Dads im Urlaub   33

5. Dads im Restaurant   39

6. Dads beim Familientreffen   47

7. Dad mit seinen „Jungs"   53

8. Wenn Dad durchs Haus wuselt   59

9. Dads universelle Sprüche   67

10. Letzte Worte...   75

11. Dads im Supermarkt   79

12. Dads am Telefon   83

13. Dein Ass im Ärmel   89

14. Dads Verabschiedungen   95

15. Jetzt bist du dran   101

Danksagung

Einen besonderen Dank richten wir an unsere Väter, die uns von klein auf humoristisch geprägt haben und mit ihrem unermüdlichen Eifer sicherstellen, dass wir für das Leben vorbereitet sind.

Ihre bewundernswerte Schlagfertigkeit in gewöhnlichen Alltagssituationen waren Inspiration genug, um eine komplette Bibel zu füllen. Samt obligatorischer zehn Gebote.

Wir hoffen sehr, dass euch die Ansammlung der besten Alltagskracher gefällt und ihr herzlich über eure eigenen Witze lacht. (Also eigentlich wie immer.)

Einleitung

Der Humor eines jeden Vaters ist so bezaubernd, dass dieser Art von Witzen eine eigene Kategorie gewidmet wurde: Die Dad Jokes.

Dad Jokes sind schnell zu merken und einfach zu erkennen. Denn sie sind oft flach, trocken und spielen auf die aktuelle Situation an.

Sie repräsentieren, was einem Vater gerade so in den Sinn kommt. Dabei ist es egal, ob kurz oder lang, ob versehen mit etwas schwarzem Humor oder komplett kinderfreundlich.

Genau diese Eigenschaften machen Dad Jokes so beliebt. Sie lassen sich in keine thematische Schublade stecken. Jedes Thema lässt sich humoristisch verpacken.

Deswegen haben wir dieses Buch in thematische Kapitel unterteilt und die besten Dad Jokes für diese Situationen gesammelt. So bist du mit über 150 Witzen für jede Gelegenheit gewappnet.

Und obwohl es „Väter-Witze" sind, darf diese Bibel natürlich auch von jeder Tochter, jedem Onkel und sonst allen Menschen gelesen werden. Am Ende geht es doch ums Lachen.

Wir sind gerührt, dass du dieses Buch ausgewählt hast. Oder bedanken uns bei der Person, die dir dieses Buch geschenkt hat. Das muss wirklich ein bezaubernder Mensch sein. Du solltest dich auch beim ihm oder ihr bedanken.

Denn diese Bibel ist eine Trickkiste für den Alltag. Kein Roman, den du nach dem Lesen wieder beiseite legst. Viel mehr ein Lexikon, in dem du immer wieder herumblättern kannst, wenn du etwas Inspiration für deinen nächsten Knaller suchst.

Wir sind uns nicht ganz sicher, was wir davon halten sollen, aber die Dad Joke Bibel hat sich auch schon als Klolektüre bewährt gemacht. So ist wenigstens sichergestellt, dass du mehrmals am Tag hineinschaust.

Damit du direkt in den Dad Joke Kosmos eintauchen kannst, bleibt es bei einer sporadischen Einleitung. Du wirst alles auch ohne Anleitung verstehen – da sind wir uns sicher.

Schreib uns deine Meinung und deinen Lieblingswitz auf Instagram (@dadjokebibel) oder per Mail (dadjokebibel@web.de). Wir freuen uns auf deine Zusendung.

Die 10 Gebote für Dad Jokes

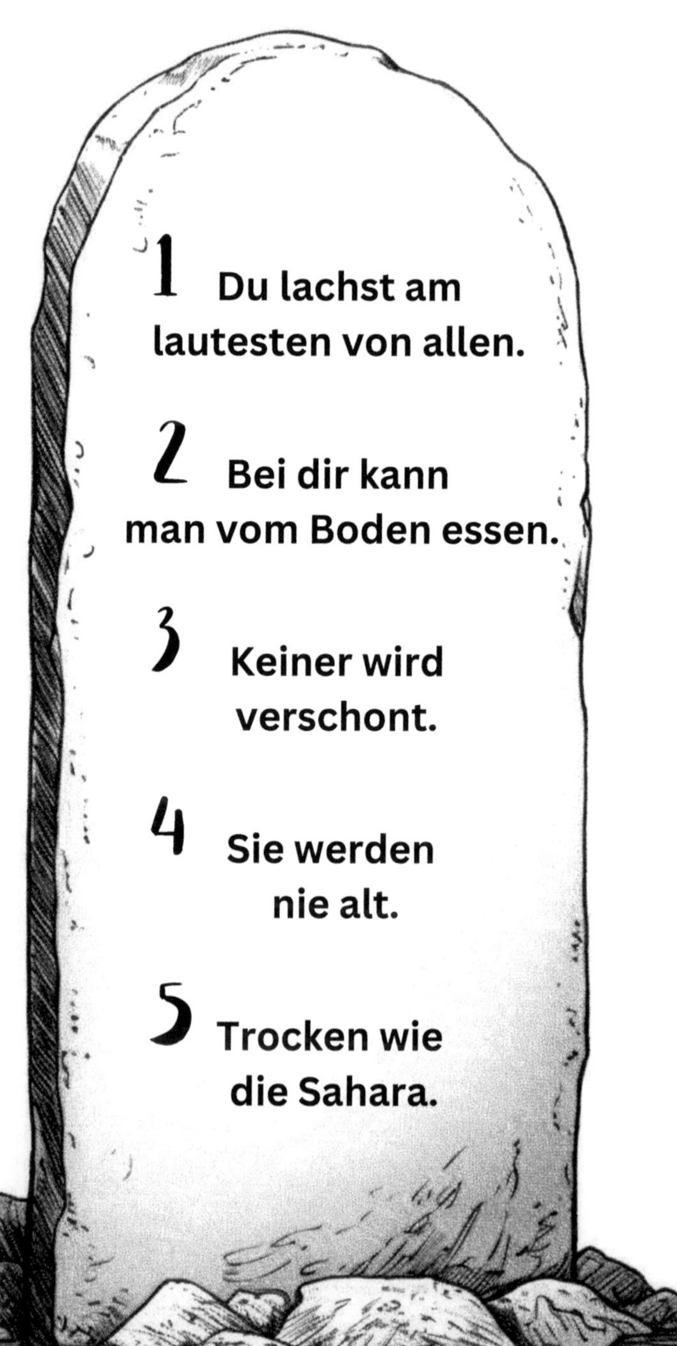

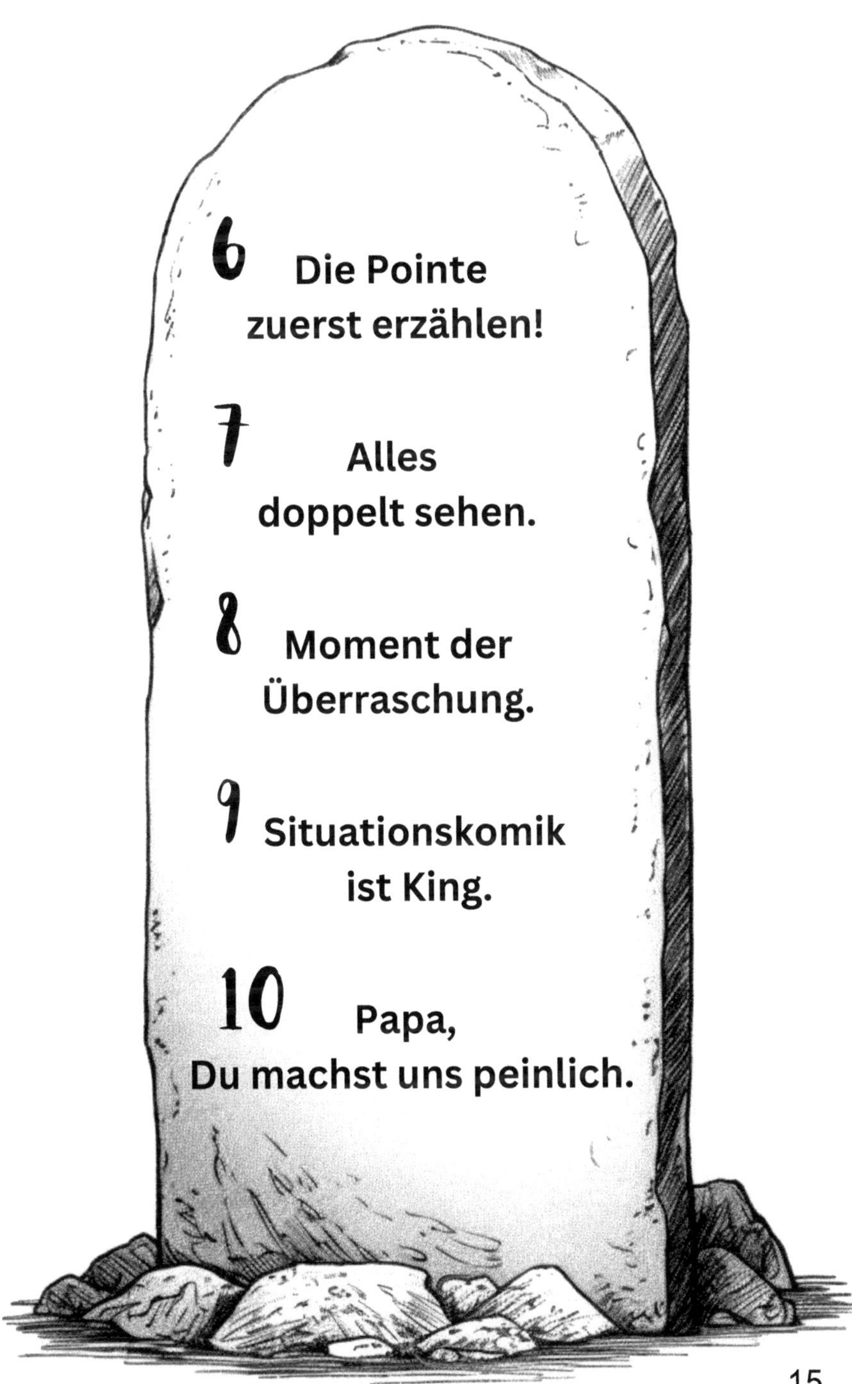

6 Die Pointe zuerst erzählen!
7 Alles doppelt sehen.
8 Moment der Überraschung.
9 Situationskomik ist King.
10 Papa, Du machst uns peinlich.

1 Du lachst am lautesten von allen.

Dad Jokes laufen Gefahr, dass auch mal keiner lacht. Aber das ist gar kein Problem! Denn Du findest Deine eigenen Witze mit Abstand am witzigsten. Und wenn eine Person lacht, hat sich der Witz schon gelohnt. Deswegen: Immer schön laut lachen, nachdem die Pointe über den Tisch gepurzelt ist.

2 Bei Dir kann man vom Boden essen.

Denn es wird kein Witz liegengelassen. Und sei er noch so unpassend, gar unlustig. Jede Chance muss genutzt werden – man weiß ja nie, wann sich die nächste Gelegenheit ergibt.

3 Keiner wird verschont.

Dad Jokes richten sich gegen alles, was zwei Beine und funktionierende Hörmuscheln hat. Auch Verwandte, Freunde oder Arbeitskollegen kriegen ihr Fett weg.

4 Sie werden nie alt.

Auch nach 10 erfolgreichen Abschüssen (Und das zählt laut Gebot 1 schon, wenn nur Du lachst.) werden Deine Witze einfach nicht langweilig. Du kannst sie immer und immer wieder erzählen.

5 Trocken wie die Sahara.

Deine Dad Jokes flutschen auch ohne Unterstützung. Je trockener der Tonfall, desto höher die Erfolgschancen.

6 Die Pointe zuerst erzählen!

Wie versaut man einen guten Witz? Baue immer eine kleine Pause ein, damit sich jeder schon mal auf einen mördermäßigen Lacher einstellen kann.

7 Alles doppelt sehen.

Hach, was wären denn unsere geliebten Dad Jokes ohne an den Haaren herbeigezogene Wortspiele und reichlich Doppeldeutungen. Pack die Gelegenheit am Schopf (das ist lustig wegen der Haare…) und verwende dieses stilistische Feuerwerk in hoher Frequenz.

8 Moment der Überraschung.

Deine Pointe liegt selten auf der Hand und lebt von einer unerwarteten Wendung.

9 Situationskomik ist King.

Neben kleinen Witzchen am Rande leben Dad Jokes von trockenen (Gebot 5) Kommentaren über alles, was in der Welt passiert. Jemand rutscht lustig aus? Take it!

10 Papa, Du machst uns peinlich.

Wenn Dein Nachwuchs schon quengelt und sich hilflos umblickt, ist das der Moment, an dem Du nochmal draufhaust. (Hier bitte NICHT Gebot 7 anwenden und wirklich hauen.) Peinlich gibt es nicht, nur schlechten Humor – und den haben selbstverständlich immer die anderen.

Kapitel 2
Am Esstisch

Nachdem Du den Router abgestöpselt hast, steht die Meute plötzlich versammelt im Wohnzimmer. Zeit für eine gemeinsame Mahlzeit. Hach, herrlich! Denn wann kriegt man seine Bande nochmal in einem zu sehen?

Das kleine Stimmungstief der abgebrochenen Runde Fortnite des „Kleinen" muss jetzt irgendwie überwunden werden. Schon klar, „online kann man nicht pausieren", aber das echte Leben halt auch nicht.

Zeit für ein paar knackige Dad Jokes, die flach über den Tisch fliegen. Folgende Kracher werden die Familienlaune sicher wieder zum Höhepunkt treiben. (Die Jokes funktionieren natürlich auch, wenn Sohnemann seine neue Freundin zum ersten Mal mit an den Frühstückstisch setzt. Dann war sie genau zweimal da: das erste und das letzte Mal.)

Die „Regierung" steht am Herd
und kocht Nudeln für die Familie:
„Aber nicht das Wasser
anbrennen lassen!"

„Lattenrost ist keine
Geschlechtskrankheit."

Die Kids streiten sich mal wieder
um die Dinonuggets, der „Lütte"
sagt: „Das ist aber meins!"

„Mach mal deine Augen zu –
alles was du dann siehst, ist
deins."

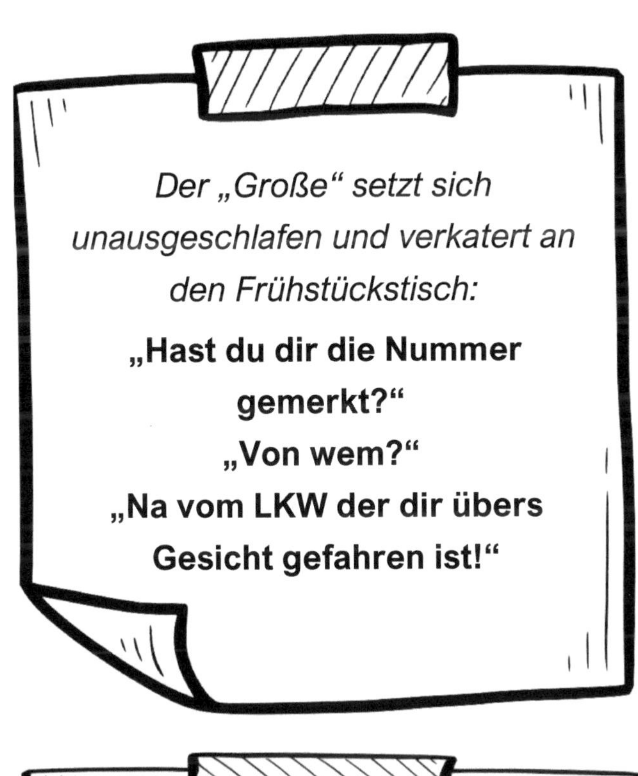

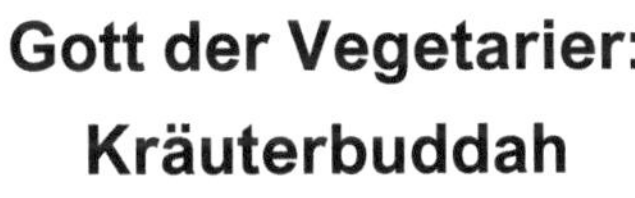

Die „Prinzessin" riecht an der Milch und sagt: „Die Milch ist sauer."

„Auf wen denn?"

Das Essen ist wieder etwas heiß, Sohnemann verbrennt sich die Zunge. Dads Antwort:

„Kalt kochen kann ich noch nicht!"

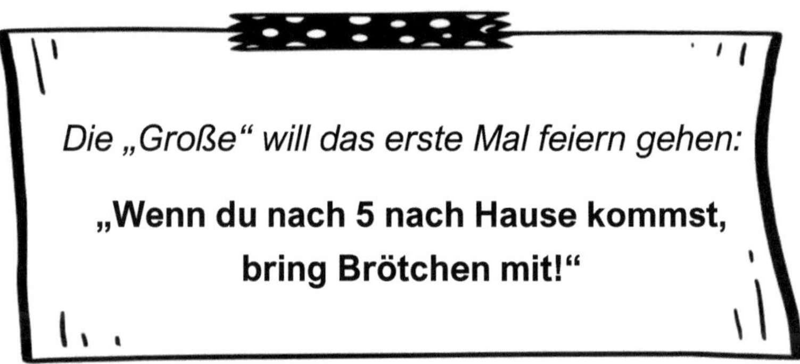

Die „Große" will das erste Mal feiern gehen:

„Wenn du nach 5 nach Hause kommst, bring Brötchen mit!"

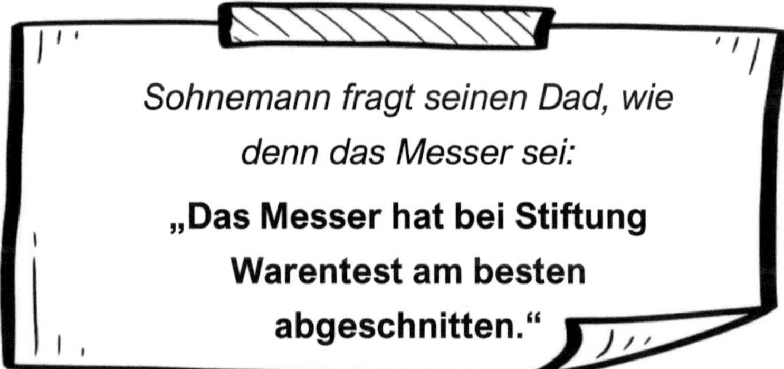

Sohnemann fragt seinen Dad, wie denn das Messer sei:

„Das Messer hat bei Stiftung Warentest am besten abgeschnitten."

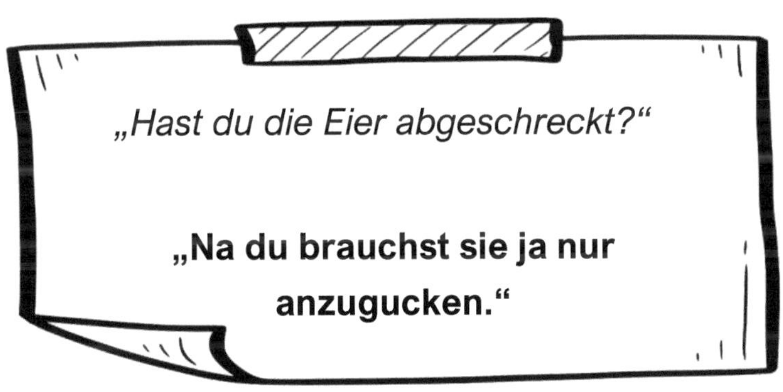

„Hast du die Eier abgeschreckt?“

„Na du brauchst sie ja nur
anzugucken.“

Vater schneidet beim
Familienkochen die Avocado auf...

„So ein Mist, schon wieder die
langweilige Holzkugel. So
langsam sollten sie da auch mal
neues Spielzeug reintun!“

Kapitel 3
Dads beim Autofahren

Endlich hast du die Familie zum gemeinsamen Ausflug zusammengetrommelt. Eine kleine Ausfahrt mit deinem fahrenden Königreich.

Die Kinder kommen hinten rein. Du klappst die Tür mit einem wohligen „FLAP" zu und gehst gemütlich hinten ums Auto herum zur Fahrertür – der echte Urlaub eines Mannes.

Sobald du als selbsternannter „Kapitän" am Steuer sitzt, muss die Mannschaft selbstverständlich unterhalten werden. Sonst geht der besinnliche Sonntag im Nullkommanix in eine herrenlose Meuterei über.

Denn jeder, der mit dir als Dad unterwegs ist, weiß, dass die Straße nicht nur eine Verbindung zwischen zwei Orten ist, sondern auch eine Bühne für deine neuesten Comedy-Eskapaden.

Die folgenden Evergreens sind genau das Richtige für eine schöne Fahrt.

(**Extra-Tipp:** Dadjokes dürfen besonders im Auto auch doppelt und dreifach benutzt werden. Dann hast du im Zweifel auch schneller deine Ruhe.)

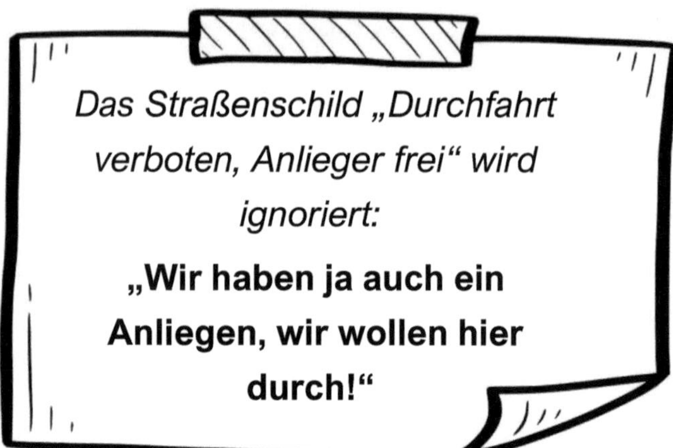

Das Straßenschild „Durchfahrt verboten, Anlieger frei" wird ignoriert:

„Wir haben ja auch ein Anliegen, wir wollen hier durch!"

„Wer später bremst, ist länger schnell!"

Sohnemann stellt sich das Lenkrad etwas nach hinten ein:

„Pass auf, dass sie dich nicht wegen Steuerhinterziehung drankriegen!"

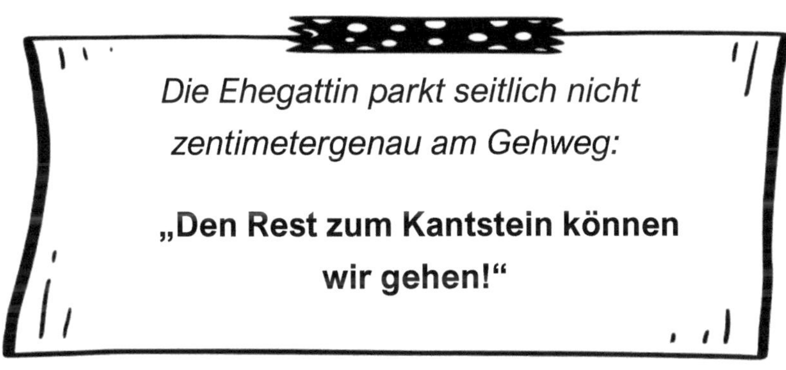

Die Ehegattin parkt seitlich nicht zentimetergenau am Gehweg:

„Den Rest zum Kantstein können wir gehen!"

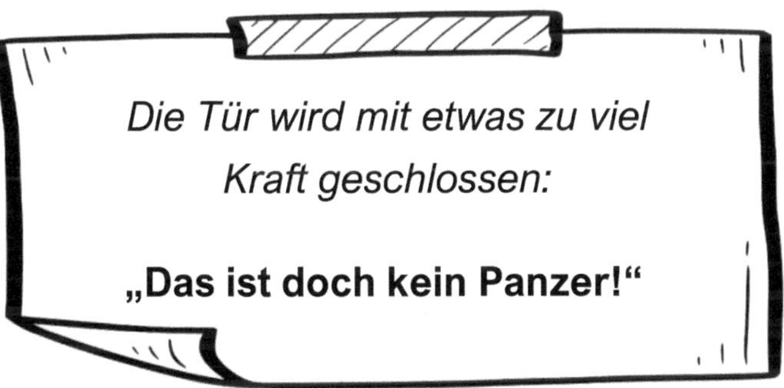

Die Tür wird mit etwas zu viel Kraft geschlossen:

„Das ist doch kein Panzer!"

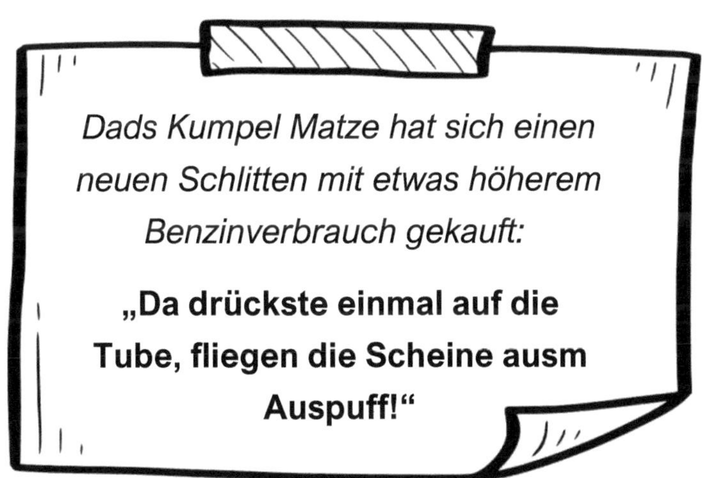

Dads Kumpel Matze hat sich einen neuen Schlitten mit etwas höherem Benzinverbrauch gekauft:

„Da drückste einmal auf die Tube, fliegen die Scheine ausm Auspuff!"

Die „Kleine" hat gerade ihren Führerschein gemacht und ist am Steuer noch etwas unsicher:

„Sag mal, hast du deinen Führerschein im Lotto gewonnen?"

„Hast du Känguru-Diesel getankt?"

„Grüner wird's nicht!"

Vater und Tochter haben wieder nur Pech und erwischen eine rote Ampel nach der nächsten:

„Sind wir hier eigentlich im Rotlichtviertel?"

„Wenn du in Holland viermal durch die Führerscheinprüfung fällst, kriegst du ein gelbes Kennzeichen."

Kapitel 4

Dads im Urlaub

Endlich ist es so weit – der Familienurlaub steht an. Ein Moment im Jahr, auf den wir alle sehnsüchtig gewartet haben. Nachdem du deinen Koffer mit Sorgfalt gepackt haben, darf natürlich das liebliche Kurzarmhemd mit dem gesegneten Karomuster nicht fehlen.

Das ziehst du am besten schon am Reisetag an. Lieber am Anfang ein wenig frieren als später im Charterbus zum Hotel schwitzen wie ein geölter Affe.

Pah – Anfängerfehler.

„Hast du mit Klamotten geduscht?", fragst du Sohnemann kurz vor der Ankunft.

Das leitet den Urlaub im Süden stilvoll ein. Nur ein Spruch von vielen, die sich hervorragend in den Urlaub integrieren lassen. Anregungen findest du auf den nächsten Seiten.

Denn es gilt: Je entspannter der Kopf, desto schneller gehen Dad Jokes über die Lippen.

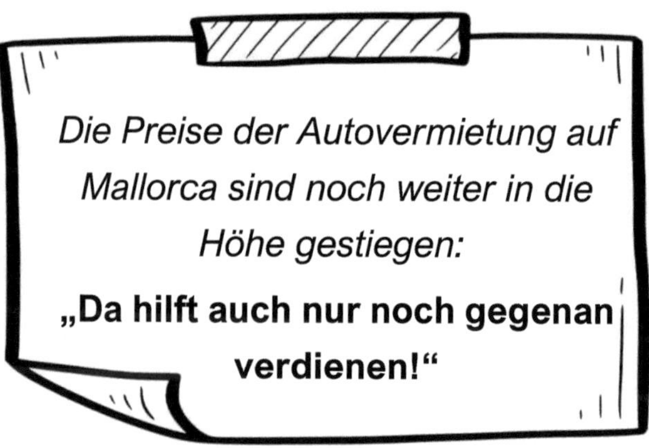

Die Preise der Autovermietung auf Mallorca sind noch weiter in die Höhe gestiegen:
„Da hilft auch nur noch gegenan verdienen!“

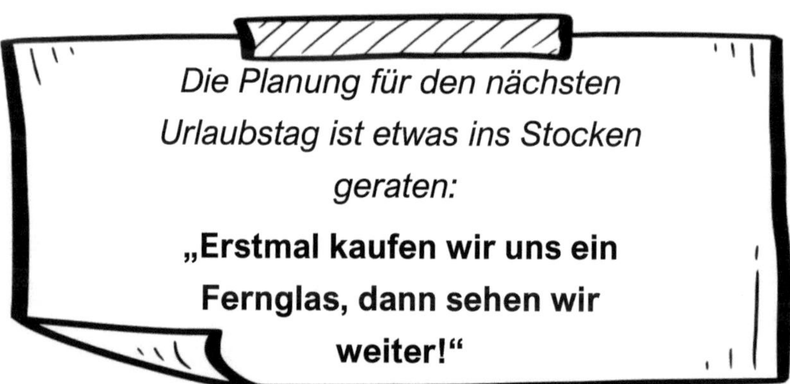

Die Planung für den nächsten Urlaubstag ist etwas ins Stocken geraten:
„Erstmal kaufen wir uns ein Fernglas, dann sehen wir weiter!“

Die Kids sind sauer, dass es kein zweites Eis gibt und schreien laut: „Oh Mann!"

„Oman ist ein Land im Nahen Osten!"

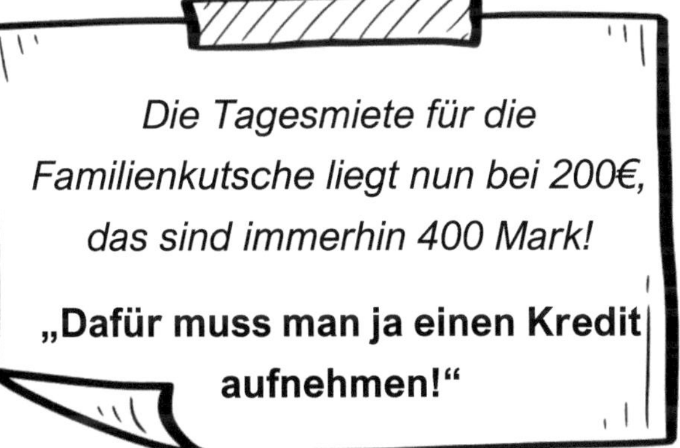

Die Tagesmiete für die Familienkutsche liegt nun bei 200€, das sind immerhin 400 Mark!

„Dafür muss man ja einen Kredit aufnehmen!"

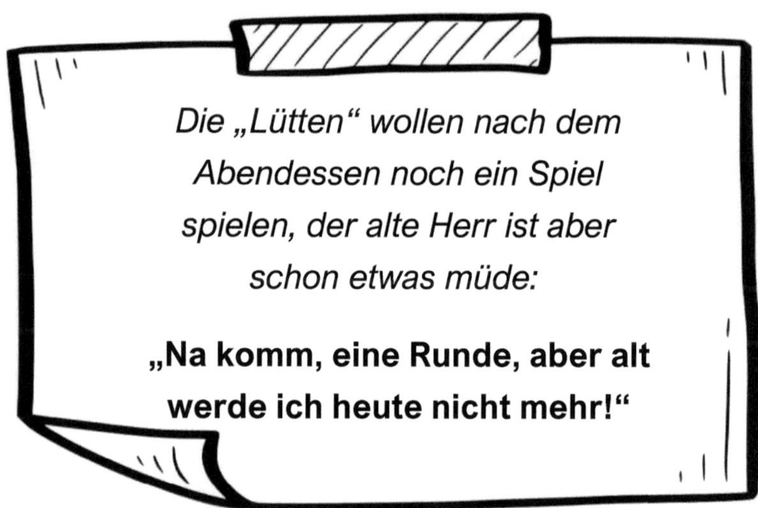

Die „Lütten" wollen nach dem Abendessen noch ein Spiel spielen, der alte Herr ist aber schon etwas müde:

„Na komm, eine Runde, aber alt werde ich heute nicht mehr!"

„Rabat? Das ist doch die Hauptstadt von Marokko?"

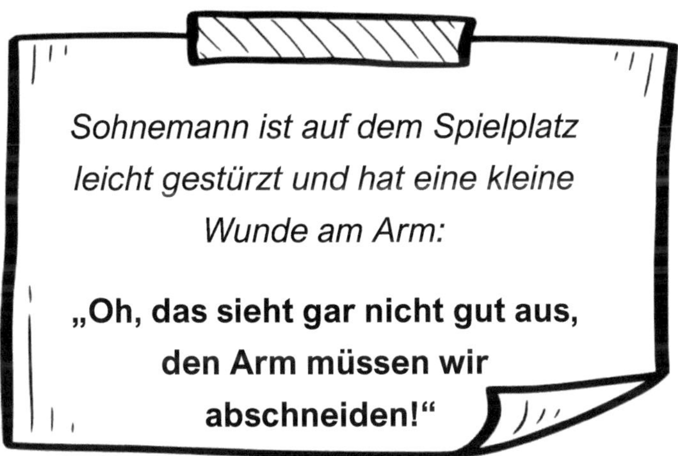

Sohnemann ist auf dem Spielplatz leicht gestürzt und hat eine kleine Wunde am Arm:

„Oh, das sieht gar nicht gut aus, den Arm müssen wir abschneiden!"

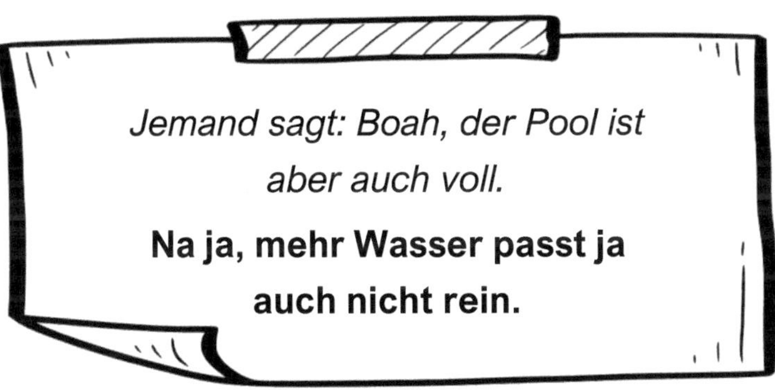

Jemand sagt: Boah, der Pool ist aber auch voll.

Na ja, mehr Wasser passt ja auch nicht rein.

„Jeder Gang macht krank!"

Kapitel 5
Dads im Restaurant

Im Restaurant soll nicht nur der Gaumen, sondern auch die Lachmuskeln auf ihre Kosten kommen.

Dafür bedarf es ein kulinarisches und humoristisches Meisterwerk. Ersteres kannst du nicht beeinflussen, aber für letzteres bist du top vorbereitet.

Denn gute Unterhaltung fängt schon vor der Bestellung an und endet erst nach der Bezahlung. Du drehst den Spieß einfach um, bei dir gibt es neben dem Gruß aus der Küche auch den Gruß vom Tisch – in Form von guter Stimmung.

Wenn es richtig gut läuft, schmunzelt sogar der Kellner. Damit die Chance so groß wie möglich ist, haben wir ein paar Klassiker für dich notiert:

Das Essen beim Italiener lässt mal wieder sehr
lange auf sich warten, Vater wird ungeduldig:

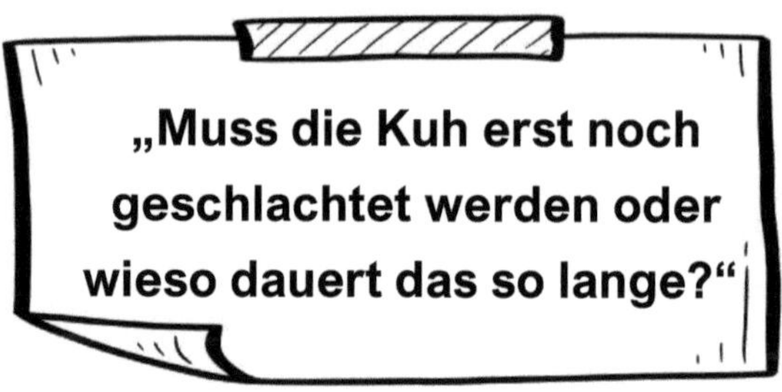

„Muss die Kuh erst noch
geschlachtet werden oder
wieso dauert das so lange?"

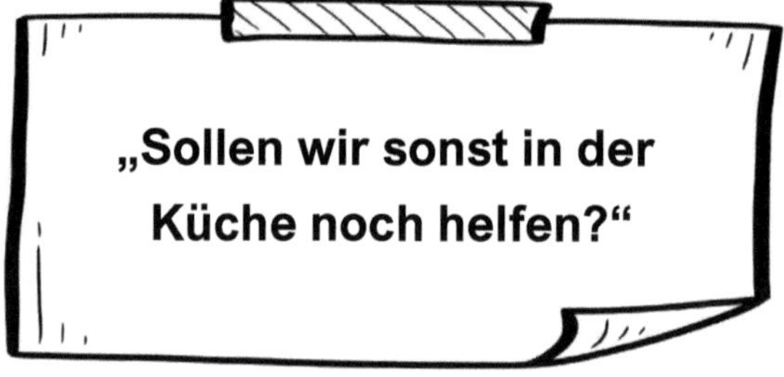

„Sollen wir sonst in der
Küche noch helfen?"

„Bar oder mit Karte?"

„Mit Plastik bitte!"

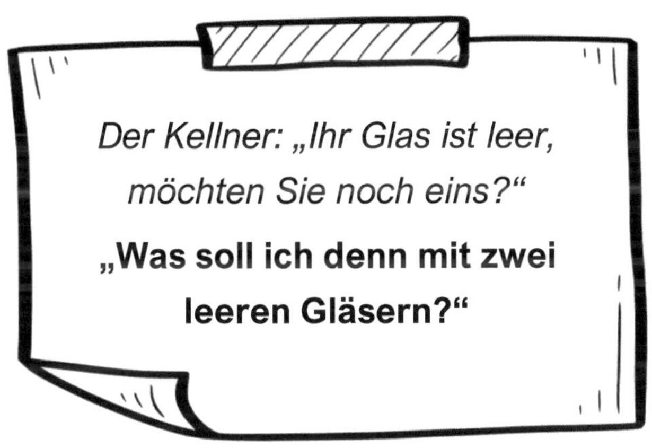

Der Kellner: „Ihr Glas ist leer, möchten Sie noch eins?"
„Was soll ich denn mit zwei leeren Gläsern?"

Die Rechnung fällt mal wieder viel zu hoch aus:
„15 € für eine Pizza? Ich wollte den Laden hier nicht kaufen!"

„Sie wollen zahlen? Gerne, was hatten Sie denn?"
„Hunger und Durst!"

„Linsen bringen den Arsch zum
Grinsen!"

Dad bekommt nach
Bezahlung der Rechnung
sein Rückgeld wieder:
„Firma dankt."

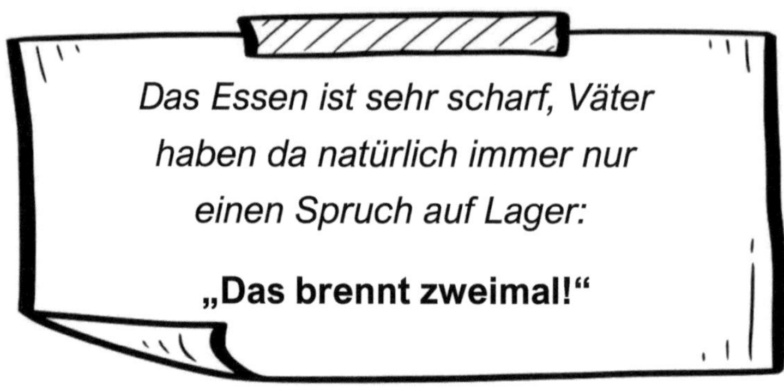
Das Essen ist sehr scharf, Väter haben da natürlich immer nur einen Spruch auf Lager:

„Das brennt zweimal!"

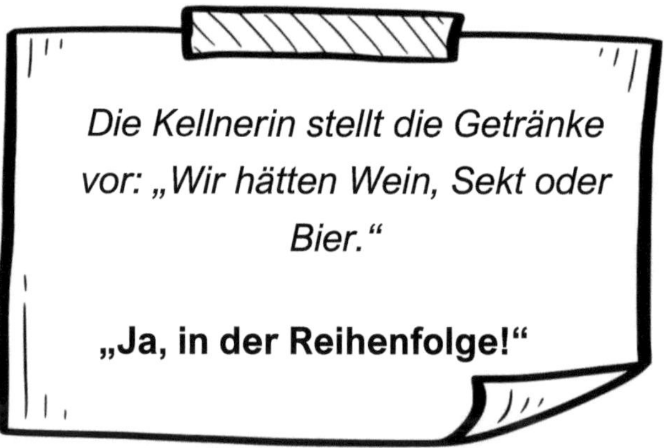
Die Kellnerin stellt die Getränke vor: „Wir hätten Wein, Sekt oder Bier."

„Ja, in der Reihenfolge!"

„Wone wiggle pudding wifs forrest master please!"

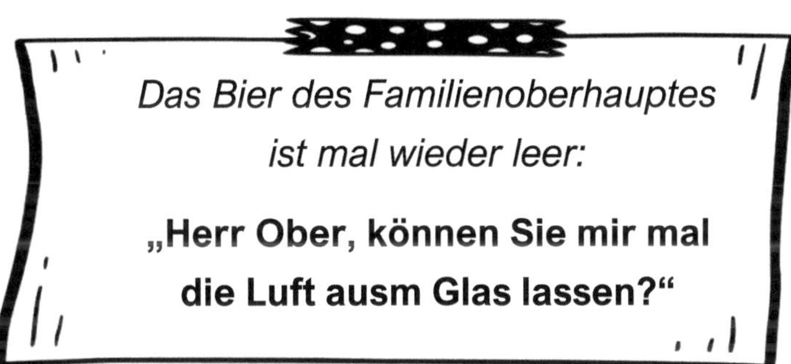

Das Bier des Familienoberhauptes ist mal wieder leer:

„Herr Ober, können Sie mir mal die Luft ausm Glas lassen?"

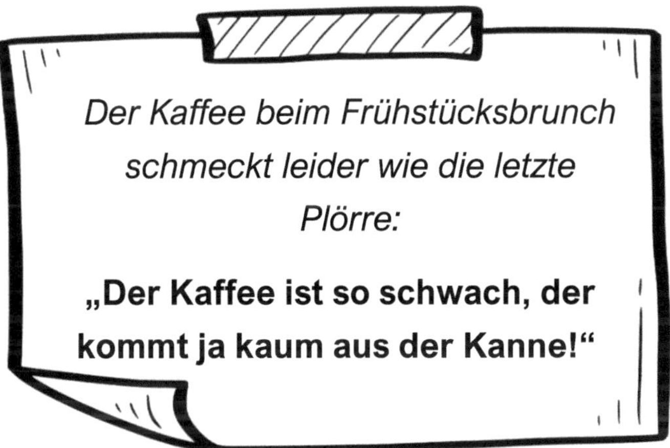

Der Kaffee beim Frühstücksbrunch schmeckt leider wie die letzte Plörre:

„Der Kaffee ist so schwach, der kommt ja kaum aus der Kanne!"

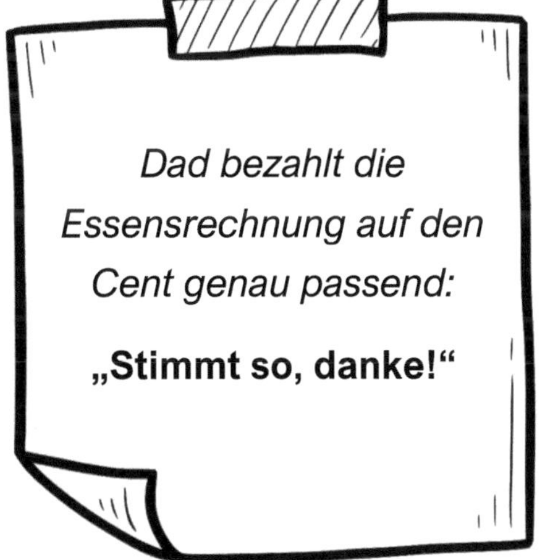

Dad bezahlt die Essensrechnung auf den Cent genau passend:

„Stimmt so, danke!"

Kapitel 6

Dads beim Familientreffen

Alle Jahre wieder versammelt sich die gesamte Familie zur kollektiven Kuchenverkostung.

Es gibt durchaus schönere Pläne an einem Sonntagnachmittag – aber Familie kannst du dir eben nicht aussuchen.

In deiner Rolle als Onkel darf die obligatorische Anmerkung „Du bist aber groß geworden!" nicht fehlen. (Das anschließende Augenrollen einfach gekonnt ignorieren.)

In deiner Rolle als Dad gibt es aber noch ein viel umfangreicheres Repertoire an schönen, gewitzten Bemerkungen.

Besonders hilfreich, wenn man etwas frühzeitig wieder gehen will.

Und damit: Viel Spaß beim Familientreffen.

Die „Kleine" isst ihre Suppe und sagt dann: „Oh, das ist aber scharf!"

„Nee, das ist Rind!"

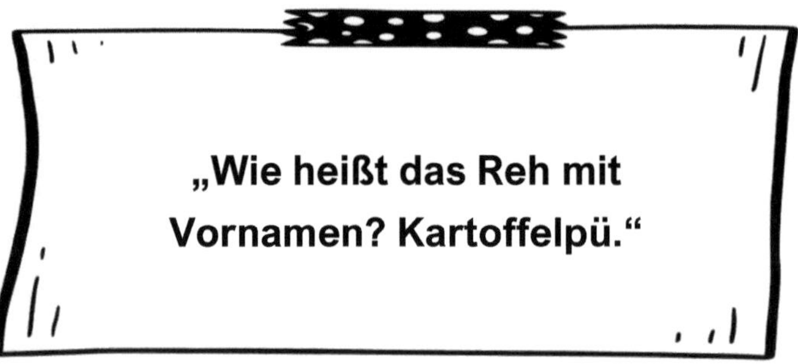

„Wie heißt das Reh mit Vornamen? Kartoffelpü."

„Ich habe nur eine Bitte. Der siebte Buchstabe im Alphabet!"

Absacker

Verteiler

Zerhacker

Schlüpferstürmer

Schluckimpfung

Rachenputzer

n Lütten

Feuerwasser

Verdauerli

Leberkleister

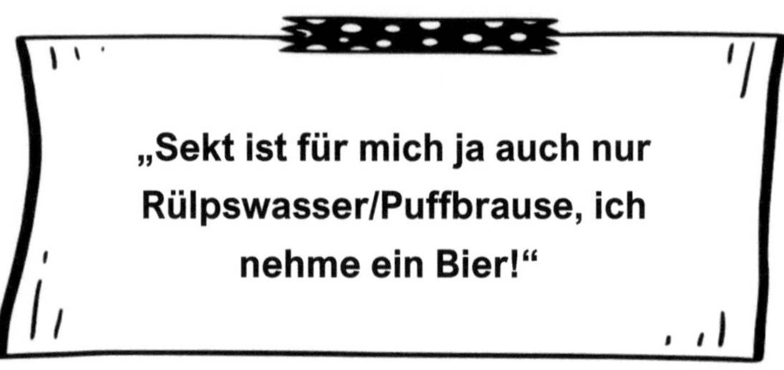
„Sekt ist für mich ja auch nur Rülpswasser/Puffbrause, ich nehme ein Bier!"

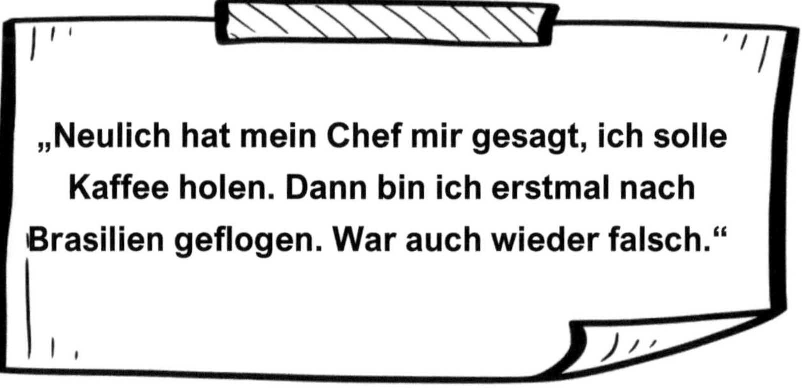
„Neulich hat mein Chef mir gesagt, ich solle Kaffee holen. Dann bin ich erstmal nach Brasilien geflogen. War auch wieder falsch."

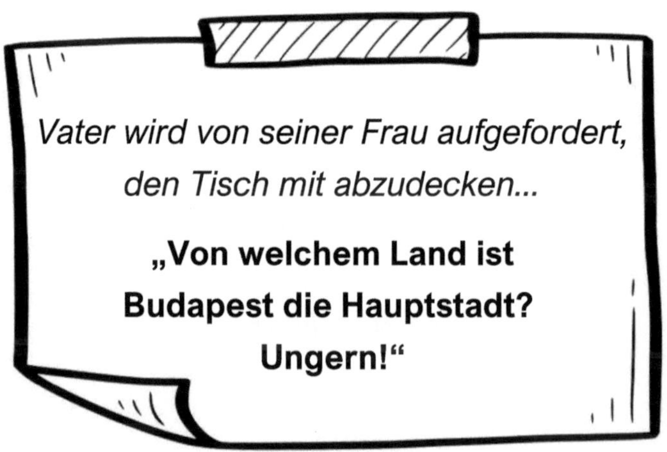
Vater wird von seiner Frau aufgefordert, den Tisch mit abzudecken...

„Von welchem Land ist Budapest die Hauptstadt? Ungern!"

Schwiegermutter zeigt auf ihrem Handy mit Klapphülle Bilder von ihrem selbst gehäkelten Pullover und sagt: „Guckt mal hier meinen Pullover, ist der nicht schön?"

„Das ist richtig, der ist nicht schön!"

Kapitel 7
Dad mit seinen „Jungs"

Es gibt immer einen Grund zum Feiern – zum Beispiel: Freitag ohne Kinder. Freitag ohne Frau. Oder einfach nur Freitag.

Gut, dass der nächste Jungsabend im Billardkaffee sowieso schon geplant ist.

In eurer Männer-Whatsappgruppe **„Johannes B. Soffen"** wird bereits seit Tagen die Vorfreude durch zahlreiche Witzbilder verkündet. Damit lassen sich die Kinder sowieso schon lange nicht mehr begeistern: Die kennen sie alle schon aus diesem TokTok. (Oder wie das heißt.)

Deine männlichen Freunde sind besonders empfänglich für einen kleinen Spruch am Rande. Schließlich kann hier jeder von jedem lernen. Neue Munition wird dann gerne schon am Folgetag verschossen.

Für diese Abende haben wir Material gesammelt, das keinesfalls fehlen darf. Folgendes bitte ausgiebig benutzen und belachen.

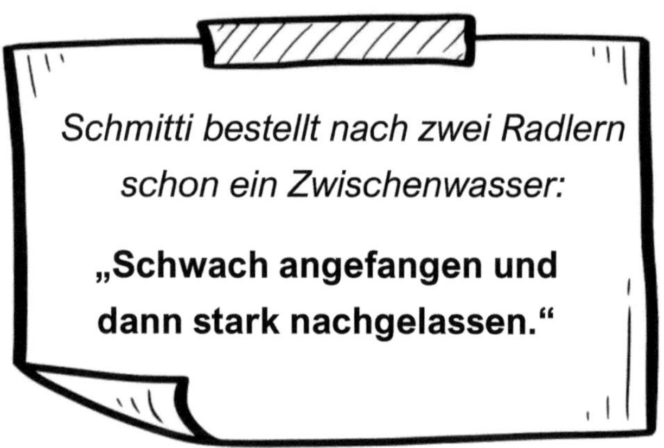
Schmitti bestellt nach zwei Radlern schon ein Zwischenwasser:

„Schwach angefangen und dann stark nachgelassen."

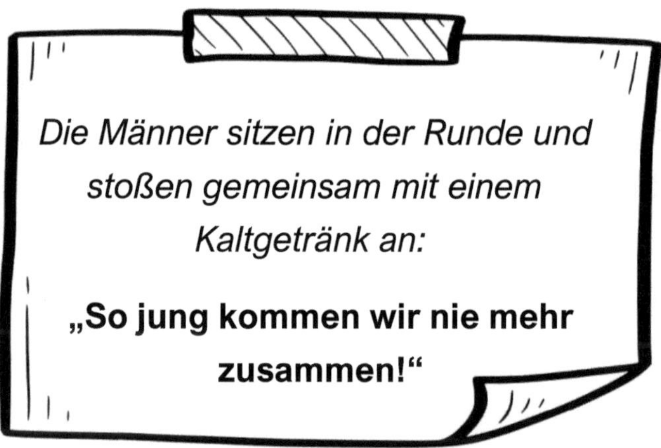
Die Männer sitzen in der Runde und stoßen gemeinsam mit einem Kaltgetränk an:

„So jung kommen wir nie mehr zusammen!"

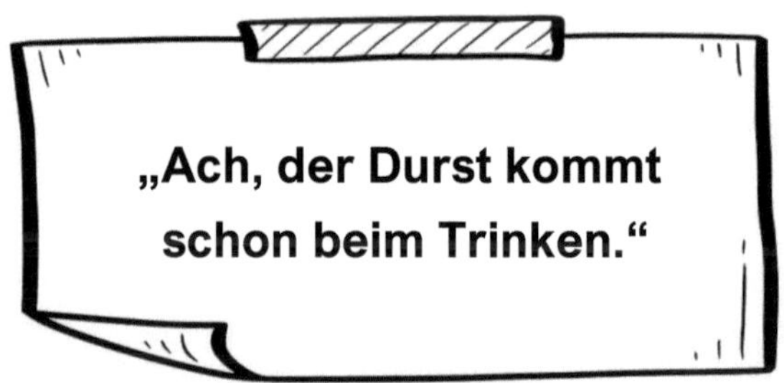
„Ach, der Durst kommt schon beim Trinken."

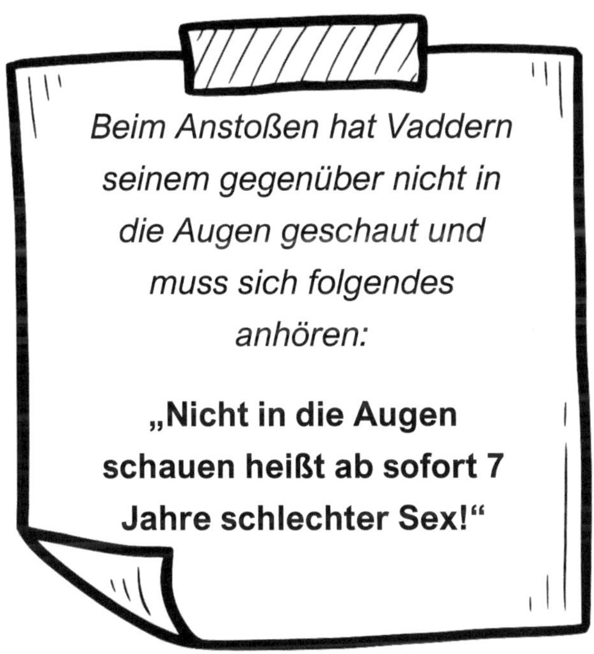
Beim Anstoßen hat Vaddern seinem gegenüber nicht in die Augen geschaut und muss sich folgendes anhören:

„Nicht in die Augen schauen heißt ab sofort 7 Jahre schlechter Sex!"

Die Antwort:

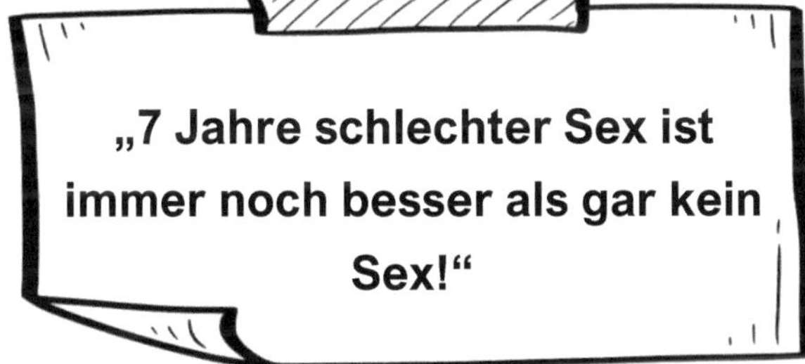
„7 Jahre schlechter Sex ist immer noch besser als gar kein Sex!"

„Früher war alles besser, sogar die Zukunft!"

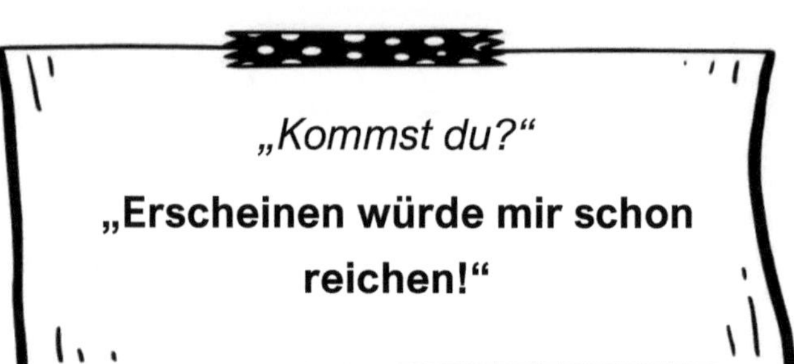

„Kommst du?"
„Erscheinen würde mir schon reichen!"

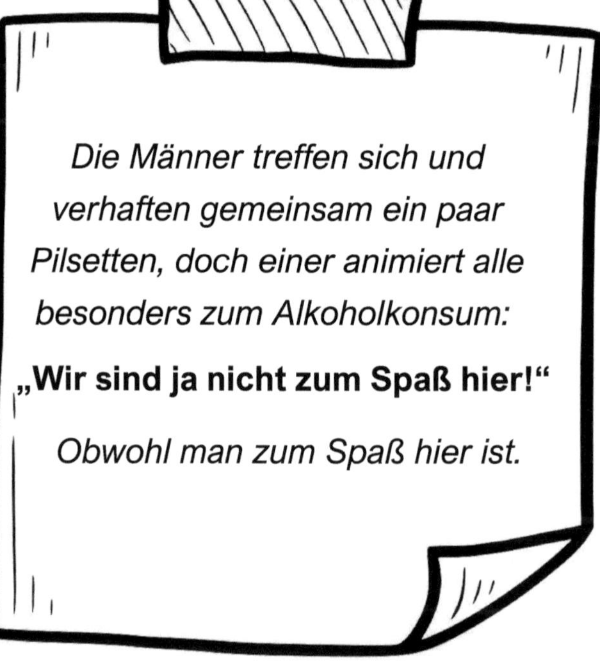

Die Männer treffen sich und verhaften gemeinsam ein paar Pilsetten, doch einer animiert alle besonders zum Alkoholkonsum:
„Wir sind ja nicht zum Spaß hier!"
Obwohl man zum Spaß hier ist.

„Appetit holen darf man sich draußen, gegessen wird im Puff!"

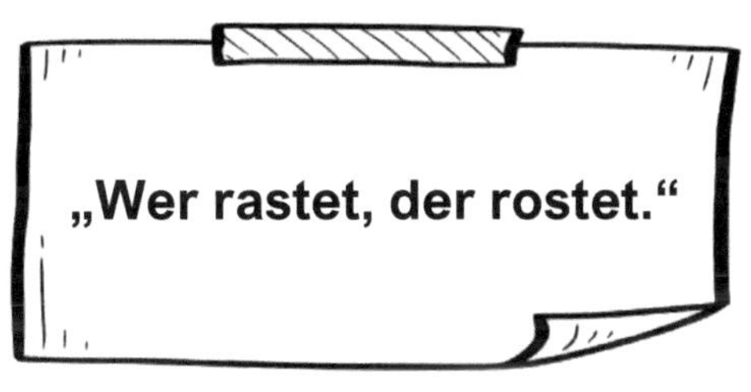
„Wer rastet, der rostet.“

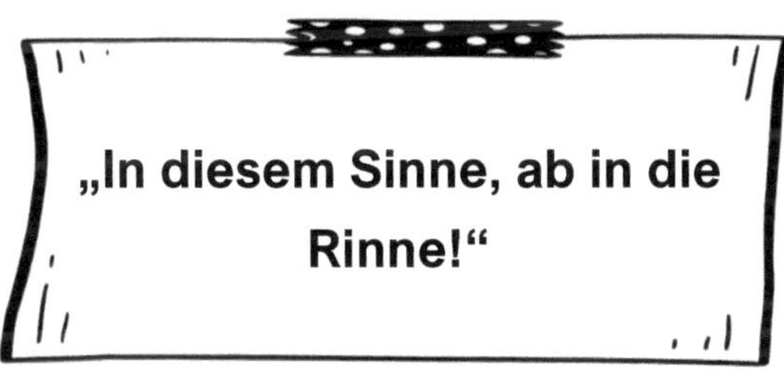
„In diesem Sinne, ab in die Rinne!“

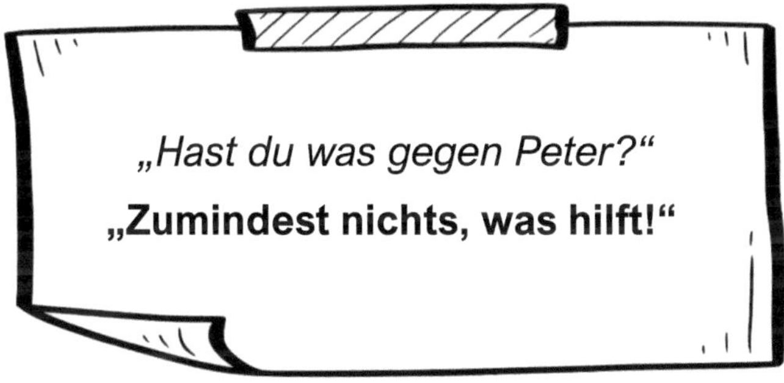
„Hast du was gegen Peter?“
„Zumindest nichts, was hilft!“

„Hi, na, wie gehts?“
„Schlechten Menschen gehts immer gut!“

Kapitel 8
Wenn Dad durchs Haus wuselt

Es gibt nichts Schöneres als ein freies Wochenende zu Hause. Als Mann im Haus ist man schließlich nebenberuflich auch Hausmeister – und es gibt immer etwas zum Schrauben und Optimieren.

Eigentum verpflichtet. Das sagt sogar das Grundgesetz.

Auch ohne Wecker wachst du zur frühen Stunde auf und bist bereit für den Tag. Der erste Kaffee läuft schon durch.

Zeit, sich zu überlegen, welche Sprüche heute bei einem HKG – Hauskontrollgang – durchs Eigenheim abgefeuert werden könnten.

Folgende Jokes empfehlen wir für besagte Tage und familiäre Abende unter der Woche.

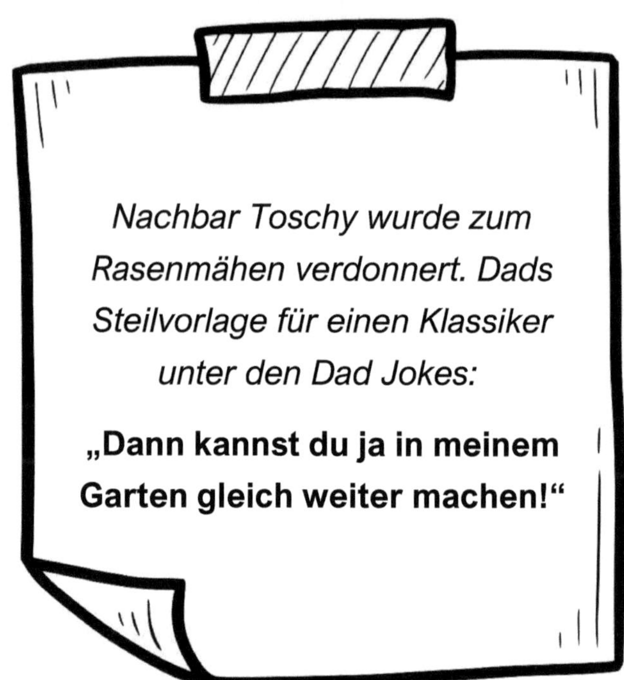

Nachbar Toschy wurde zum Rasenmähen verdonnert. Dads Steilvorlage für einen Klassiker unter den Dad Jokes:

„Dann kannst du ja in meinem Garten gleich weiter machen!"

Kurze Zeit später klopft Toschy dann an der Hauswand die Fußmatte aus. Dads Reaktion ist natürlich auch ein Lacher, zumindest für ihn selbst:

„Na was los Aladin? Springt er nicht an?"

Die Zimmer der Kids sind wieder etwas unaufgeräumt
und lüften könnte man auch mal wieder:

Es ist 0:20 Uhr, Schwiegermutter
verlässt das Haus und sagt: "Bis
morgen dann!“

„Ja, oder bis heute!“

Die wehrte Ehefrau niest beim
gemütlichen „Tatort“-Abend:

„Gelber Schein!“

oder

„Schönheit!“

oder

„Aufwischen!“

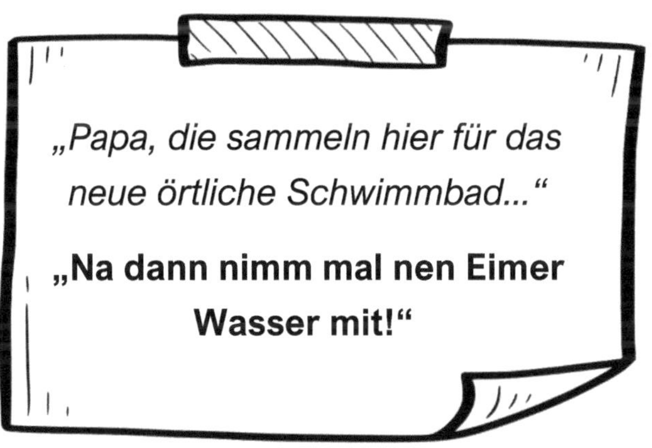
„Papa, die sammeln hier für das neue örtliche Schwimmbad..."

„Na dann nimm mal nen Eimer Wasser mit!"

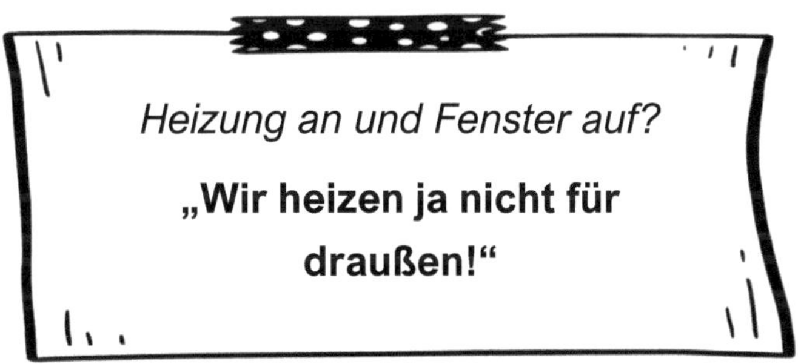
Heizung an und Fenster auf?

„Wir heizen ja nicht für draußen!"

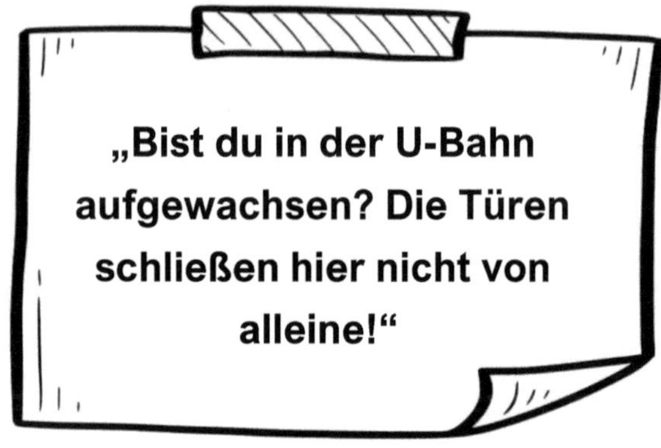
„Bist du in der U-Bahn aufgewachsen? Die Türen schließen hier nicht von alleine!"

oder

„Hast du Säcke von den Türen?"

oder

„Ist heute Tag der offenen Tür?"

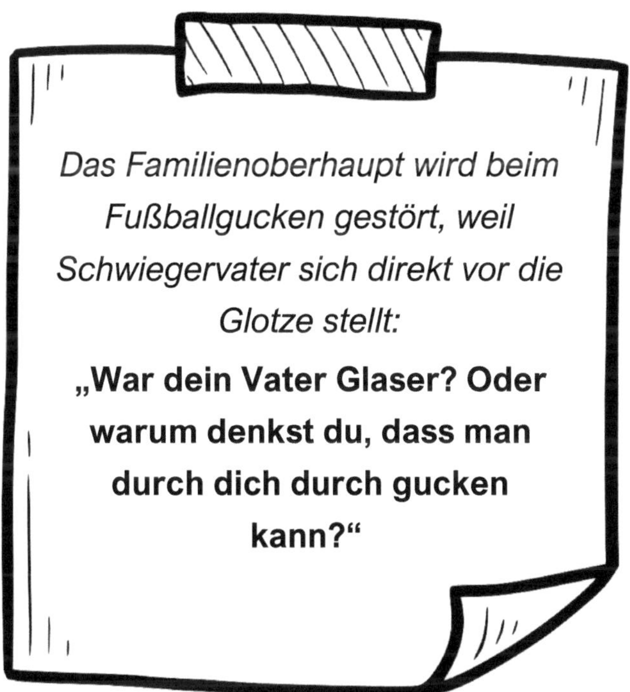

Das Familienoberhaupt wird beim Fußballgucken gestört, weil Schwiegervater sich direkt vor die Glotze stellt:

„War dein Vater Glaser? Oder warum denkst du, dass man durch dich durch gucken kann?"

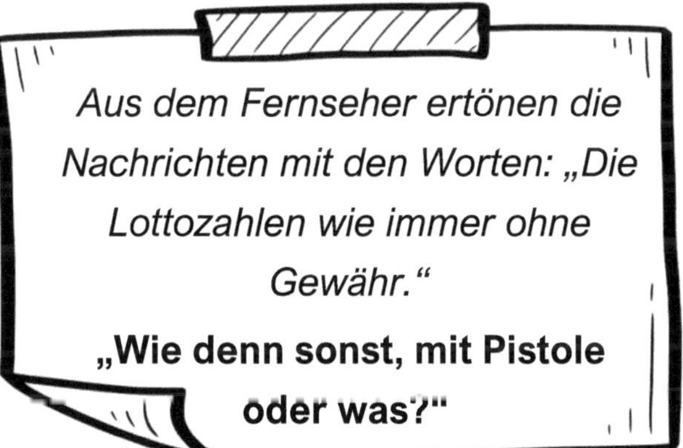

Aus dem Fernseher ertönen die Nachrichten mit den Worten: „Die Lottozahlen wie immer ohne Gewähr."

„Wie denn sonst, mit Pistole oder was?"

Kapitel 9

Dads universelle Sprüche

Manche Dad Jokes lassen sich nicht nur einer Kategorie zuordnen. Deshalb sind sie aber nicht gleich schlechter – ganz im Gegenteil. Diese Jokes sind unglaublich universell.

Auf der Arbeit, im Gespräch mit dem Nachbarn oder einfach bei spontanen Begegnungen bedarf es an einer breiten Auswahl an Allroundern. Bewährte Knaller, die immer ziehen.

Zum Glück haben wir da ein paar passende Jokes gesammelt und für dich niedergeschrieben. Danach ist dein Gegenüber bestimmt erstmal kurz baff.

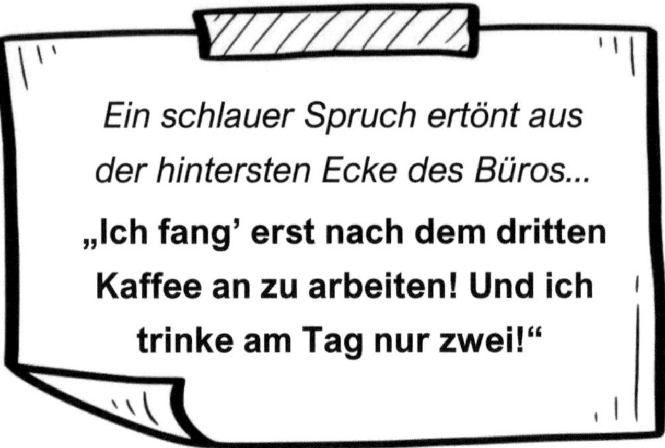

Ein schlauer Spruch ertönt aus der hintersten Ecke des Büros...

„Ich fang' erst nach dem dritten Kaffee an zu arbeiten! Und ich trinke am Tag nur zwei!"

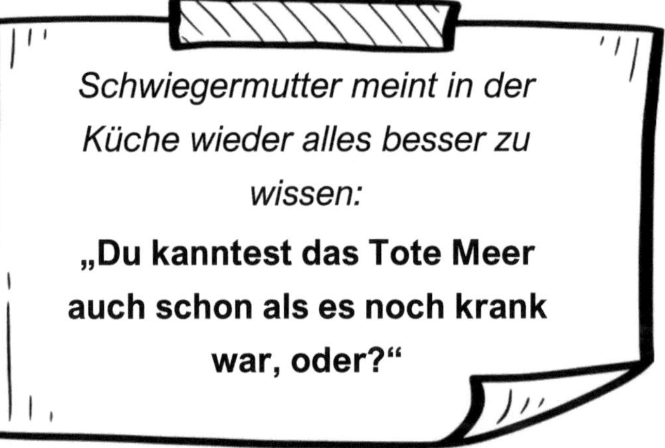

Schwiegermutter meint in der Küche wieder alles besser zu wissen:

„Du kanntest das Tote Meer auch schon als es noch krank war, oder?"

„Vorhin wollte mir jemand rohen Fisch andrehen, aber ich den Rochen sofort gebraten."

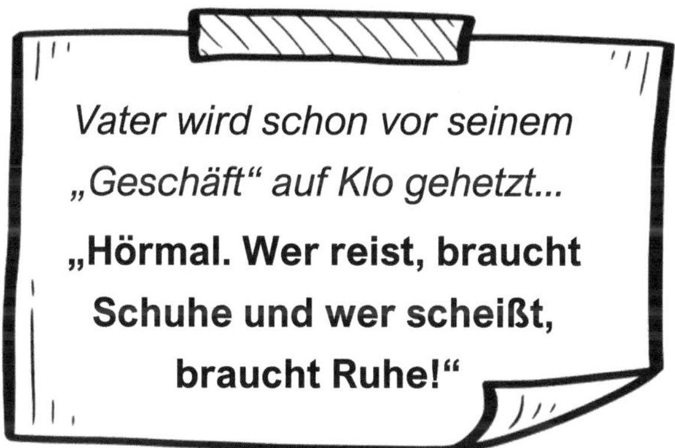

„Unser Hund hat neulich Passanten auf dem Fahrrad gejagt ... Da blieb mir nichts anderes übrig, als ihm das Fahrrad wegzunehmen."

Wenn Vater auf sein Alter angesprochen wird...
„Knackiges Alter – knackt hier und knackt da."

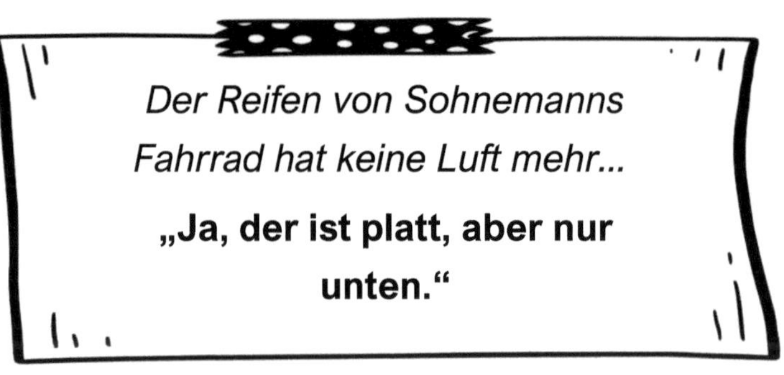

Der Reifen von Sohnemanns Fahrrad hat keine Luft mehr...
„Ja, der ist platt, aber nur unten."

Dad ist ein riesengroßer Fan von Musik-Bands und fragt im Blumenladen:
„Wo sind denn die ganzen Roses?"

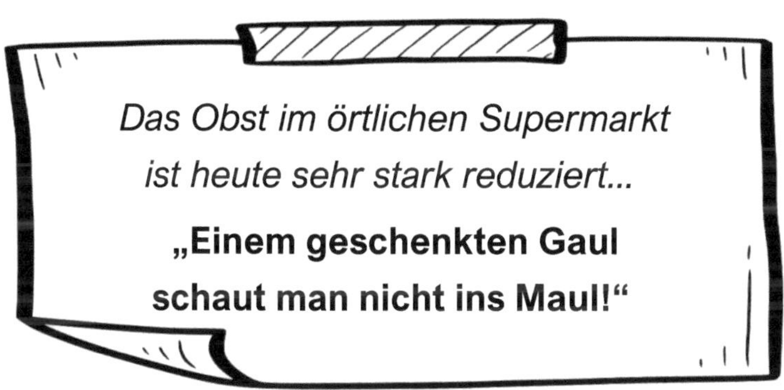

Das Obst im örtlichen Supermarkt ist heute sehr stark reduziert...

„Einem geschenkten Gaul schaut man nicht ins Maul!"

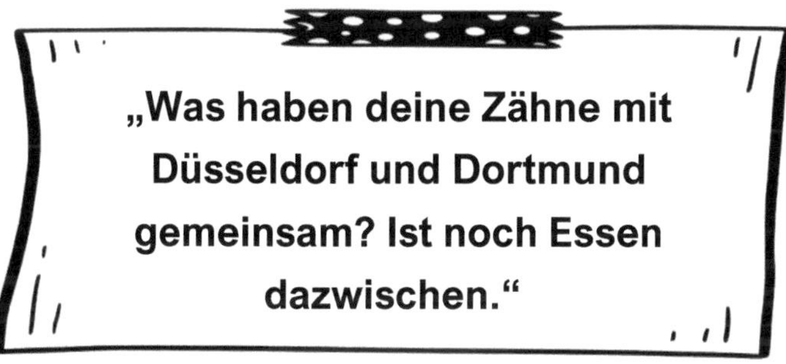

„Was haben deine Zähne mit Düsseldorf und Dortmund gemeinsam? Ist noch Essen dazwischen."

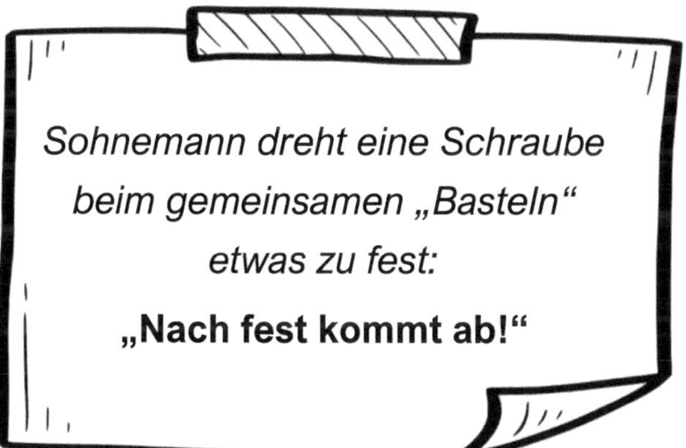

Sohnemann dreht eine Schraube beim gemeinsamen „Basteln" etwas zu fest:

„Nach fest kommt ab!"

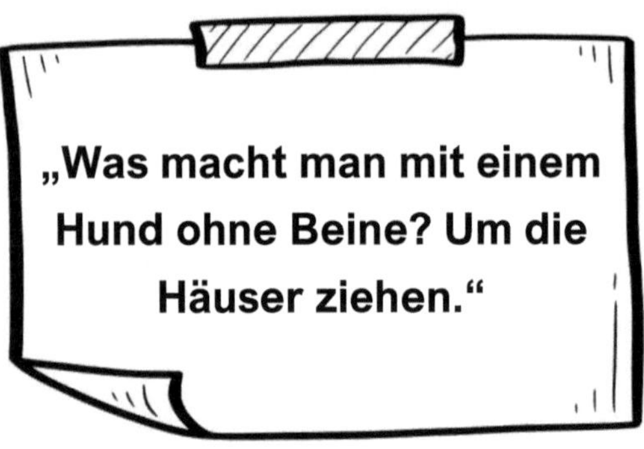
„Was macht man mit einem Hund ohne Beine? Um die Häuser ziehen."

„Lieber ein Schwimmbecken als einen Tennisarm."

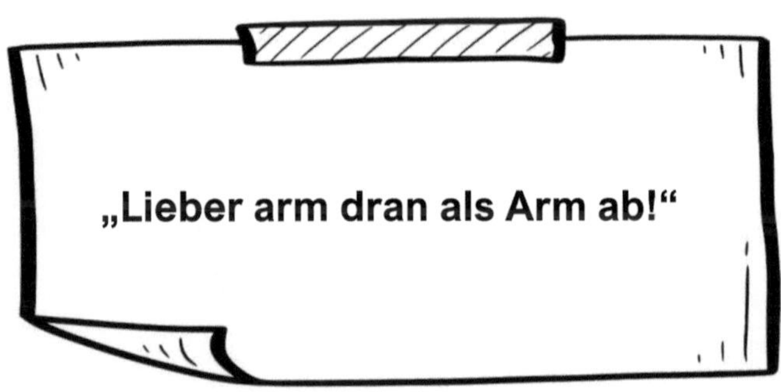
„Lieber arm dran als Arm ab!"

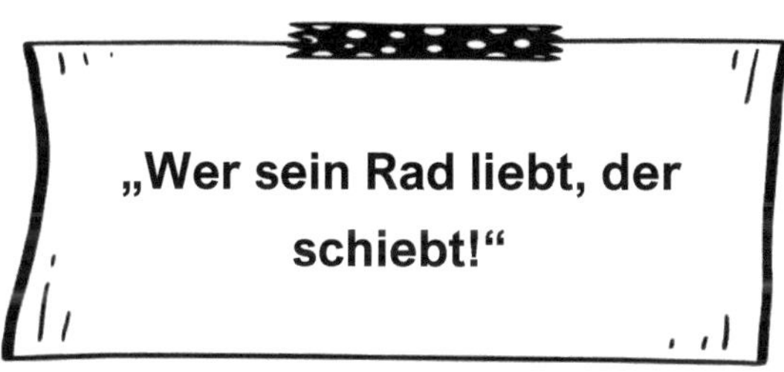
„Wer sein Rad liebt, der schiebt!"

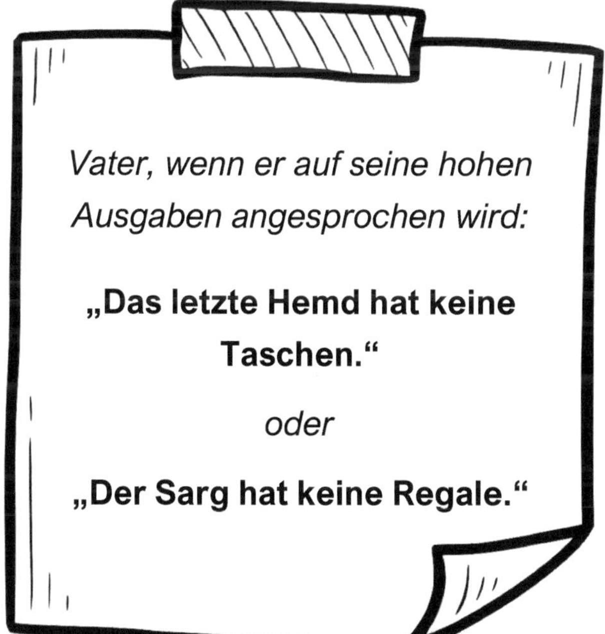
„Lieber weinend in den Schlaf masturbieren, als schlafend in den Wein masturbieren."

Vater, wenn er auf seine hohen Ausgaben angesprochen wird:

„Das letzte Hemd hat keine Taschen."

oder

„Der Sarg hat keine Regale."

Kapitel 10
Letzte Worte...

Diese Art von Witz ist zwar schon so alt, dass sie Jesus noch zwei Ziegen schuldet, erfreut sich aber dennoch großer Beliebtheit.

Der große Vorteil: Ohne viel Kontext sind diese Sprüche immer eine willkommene Option, die peinliche Stille zu durchbrechen.

Oh, siehst du das auch da hinten? Die Witze schleppen das Öl für die Bartwickelmaschine.

Und hast du die Nachrichten verfolgt? Letztens wurde eine 2500 Jahre alte Grabkammer im alten Ägypten entdeckt. Die Forscher fanden eine Tafel mit Witzen vor – da war dieser allerdings schon durchgestrichen.

Ok Ok, ist ja gut, ich höre schon auf. Das waren meine letzten Worte …

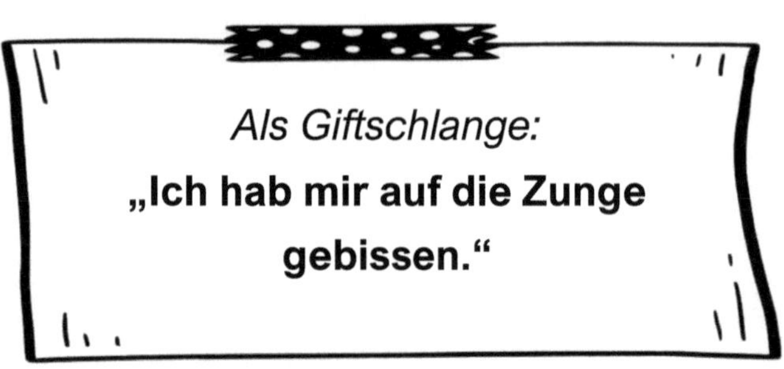
Als Giftschlange:
„Ich hab mir auf die Zunge gebissen.“

Als Fallschirmspringer:
„Oh, falscher Rucksack.“

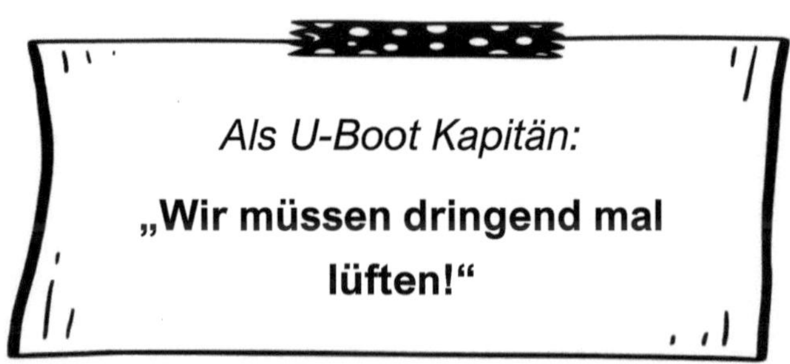
Als U-Boot Kapitän:
„Wir müssen dringend mal lüften!“

Als Elektriker:
„Was ist das für ein Kabel hier?"

Als Sportlehrer:
„Alle Speere zu mir!"

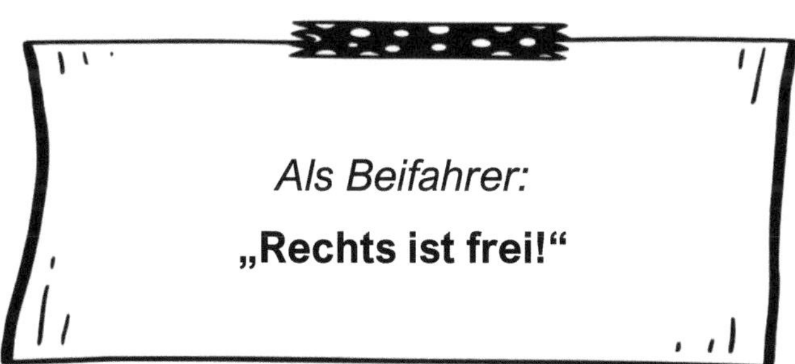

Als Beifahrer:
„Rechts ist frei!"

Kapitel 11
Dads im Supermarkt

Samstag ist Einkaufstag. Da hast du genug Zeit, in Ruhe nach neuen Köstlichkeiten zu stöbern.

Aber was wäre eine Tour zum Supermarkt ohne die ganze Familie? Alle dürfen mit.

Das Auto wird so nah wie möglich an der Eingangstür geparkt – denn „jeder Gang macht krank". Zur Not auf dem Frauenparkplatz: Die Frau ist schließlich auch an Board.

Und keine Sorge! Auch der Supermarkt kann mit dem richtigen Material zur Bühne werden. Also Vorhang auf mit folgenden Dad Jokes.

Die Äpfel im Supermarkt sind etwas teurer geworden:

„Fünf Äpfel für 3 €? Das sind ja 6 Mark!"

Eine etwas längere Schlange hat sich aufgetan...

„Gibts hier was gratis?"

Die Non-Food Abteilung wird erkundet. Die nächsten, sagen wir mal nicht zwingend notwendigen, Gegenstände wandern in den Einkaufswagen:

„Haben ist ja besser als brauchen, sag ich ja immer!"

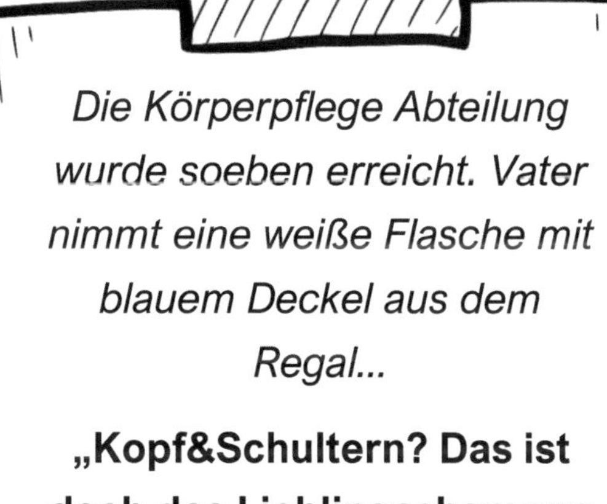

Die Körperpflege Abteilung wurde soeben erreicht. Vater nimmt eine weiße Flasche mit blauem Deckel aus dem Regal...

„Kopf&Schultern? Das ist doch das Lieblingsshampoo von Kannibalen!"

Vater nimmt eine Sektflasche aus dem Regal, woraufhin seine Lebensabschnittsgefährtin fragt: „Ist die Flasche teuer?"

„Die Flasche nicht, aber der Inhalt schon."

„Was sagt ein Blinder in der Fischabteilung? Na Mädels!"

Kapitel 12
Dads am Telefon

Seniorensportverein „Turne bis zur Urne", Hallo?

Herzhaft laut lachst du über deine neue Telefonbegrüßung. Was soll aus einem Telefonat ohne angemessene Begrüßung werden? Das kann doch nur schiefgehen…

Du weißt natürlich genau, dass am Feleton (wie du es manchmal liebevoll nennst) deine Stimme den Takt angibt. Also immer freundlich bitte und auf jeden Fall etwas Humor einstreuen.

Für den ersten Eindruck gibt es keine zweite Chance! Schnapp dir die knackigen Begrüßungen und stürze dich in die Telefonschlacht.

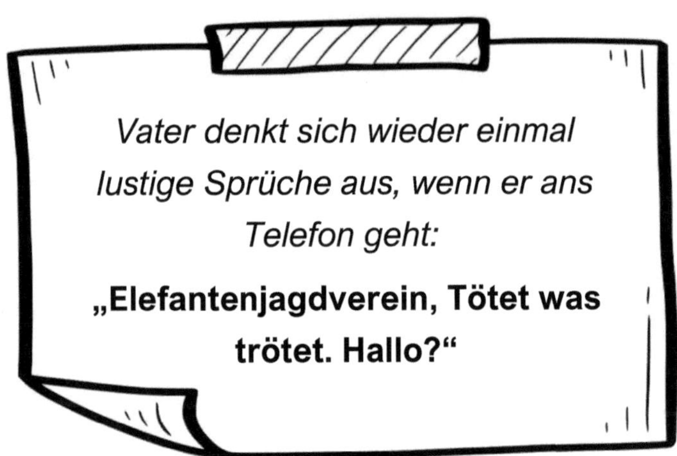
Vater denkt sich wieder einmal lustige Sprüche aus, wenn er ans Telefon geht:

„Elefantenjagdverein, Tötet was trötet. Hallo?"

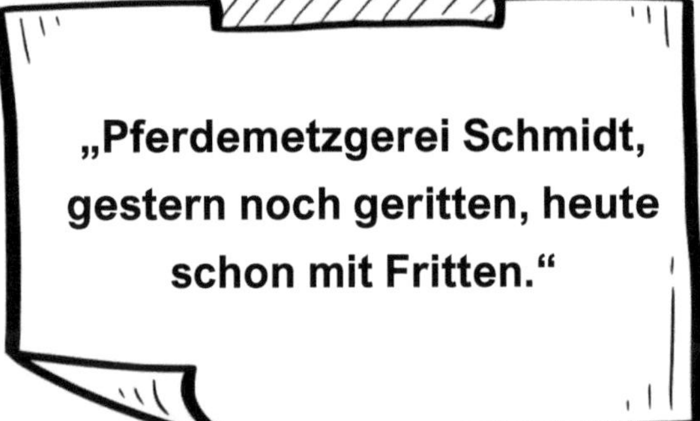
„Pferdemetzgerei Schmidt, gestern noch geritten, heute schon mit Fritten."

„Demenz-Hotline, hallo! Wenn sie noch wissen, was sie möchten, drücken Sie die 1."

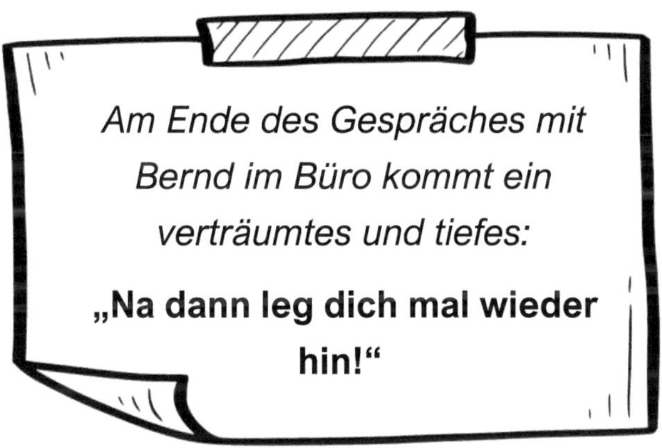
Am Ende des Gespräches mit Bernd im Büro kommt ein verträumtes und tiefes:

„Na dann leg dich mal wieder hin!"

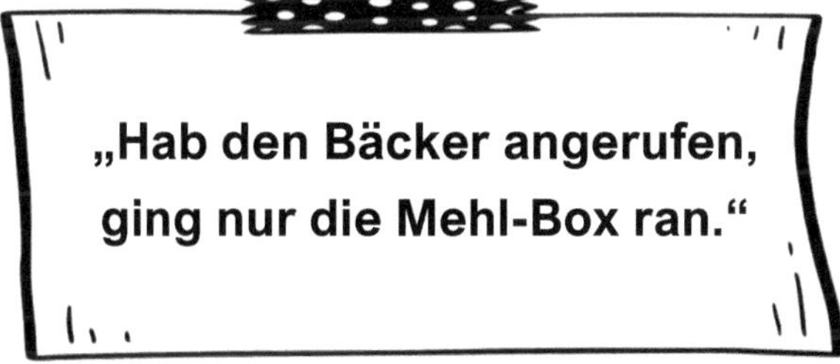
„Hab den Bäcker angerufen, ging nur die Mehl-Box ran."

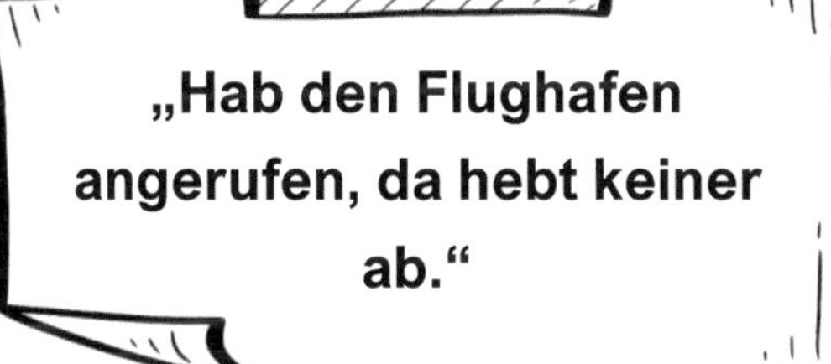
„Hab den Flughafen angerufen, da hebt keiner ab."

„Hab in Lützerath angerufen – kein Anschluss unter dieser Nummer"

„Ich habe gerade den DJ angerufen. Er hat aufgelegt."

„Habe beim Brötchen angerufen, war belegt!"

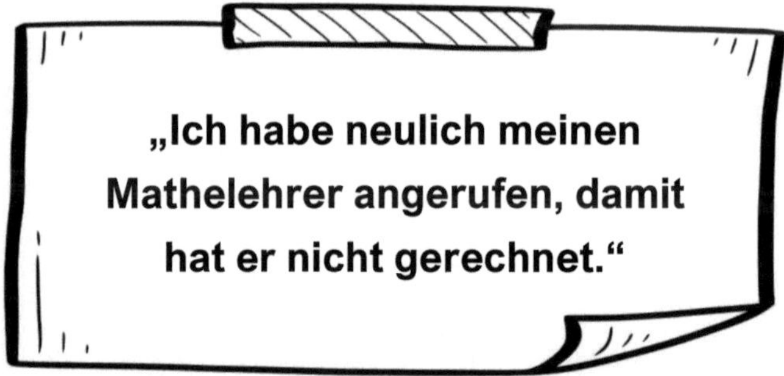

„Ich habe neulich meinen Mathelehrer angerufen, damit hat er nicht gerechnet."

Kapitel 13
Dein Ass im Ärmel

Manche Situationen kommen äußerst unerwartet. Ein großes Repertoire an guten Sprüchen ist dabei essenziell. Denn gibt es etwas Schlimmeres, als einfach sprachlos dazustehen? Vermutlich nicht.

Alltägliche Sprüche für alltägliche Situationen können so vielfältig sein wie ein Klönschnack in der Büroküche oder das Treffen von Bekannten auf einem Waldspaziergang.

Wir bereiten dich vor und stecken dir die Asse für jede Gelegenheit in den Ärmel, damit du sie zum richtigen Zeitpunkt herausziehen kannst. Deine Liebsten werden dich schon bald für deine unglaubliche Schlagfertigkeit bewundern.

Vergiss niemals: Dein Humor ist demokratisch. Der geht gegen alle – ist ja klar.

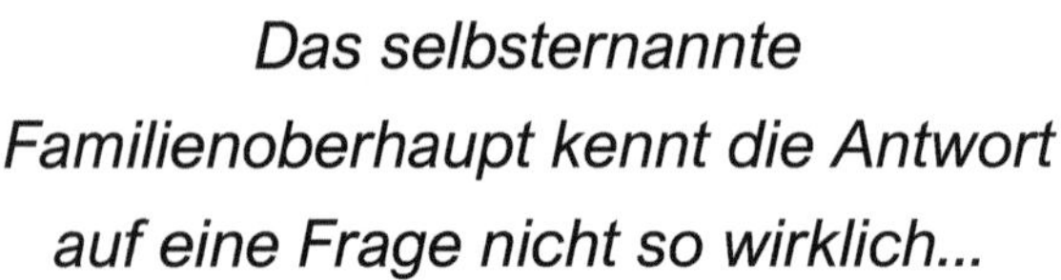

Das selbsternannte Familienoberhaupt kennt die Antwort auf eine Frage nicht so wirklich...

„Who knows? – Wer Nase?"

Die Teenie Kids finden in Social Media vieles "nice" oder auch "cringe". Für Vater zählt hingegen:

„Anglizismen sind für mich ja ein absolutes No-Go!"

Ein weiterer humoristischer Kommentar darf in dem Social Media Kontext natürlich nicht fehlen:

„Influenza ist für mich immernoch eine Krankheit, aber kein Beruf!"

*Doch einige deutsche Sprichwörter sind viel lustiger,
wenn man sie genauso ins Englische übersetzt:*

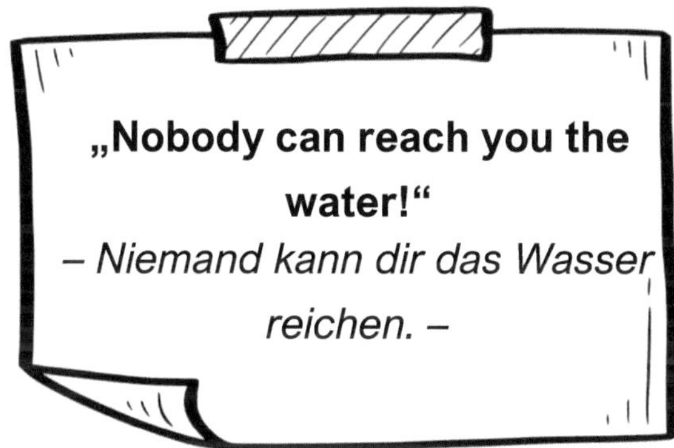

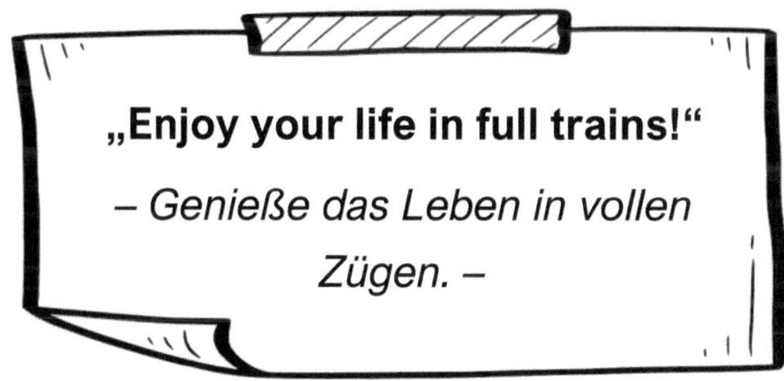

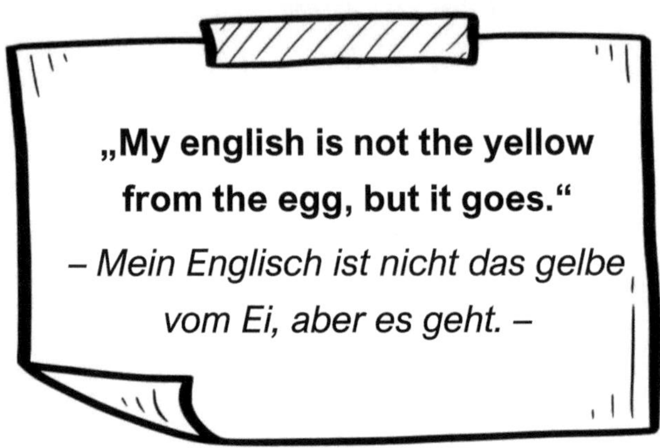

„My english is not the yellow from the egg, but it goes.“
– Mein Englisch ist nicht das gelbe vom Ei, aber es geht. –

„You don't have all cups in the cupboard!“
– Du hast nicht alle Tassen im Schrank! –

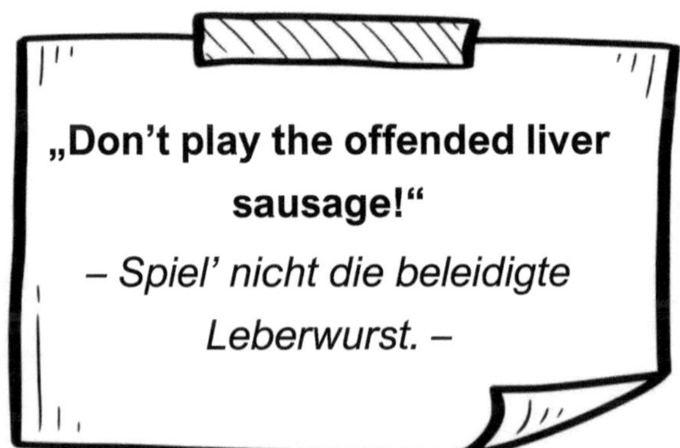

„Don't play the offended liver sausage!“
– Spiel' nicht die beleidigte Leberwurst. –

„My dear Mister singing club!"
– Mein lieber Herr Gesangsverein. –

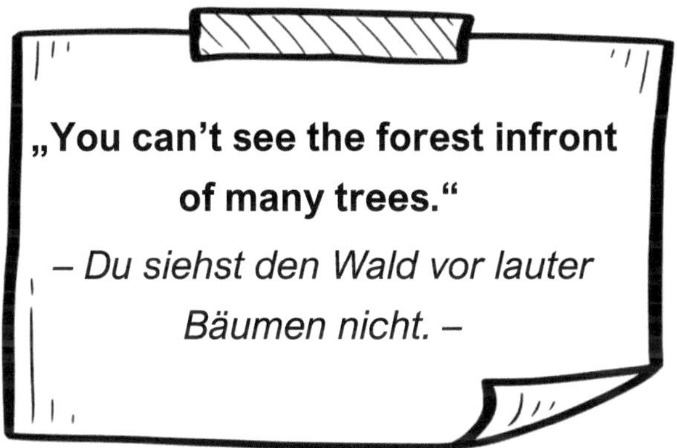

„You can't see the forest infront
of many trees."
– Du siehst den Wald vor lauter
Bäumen nicht. –

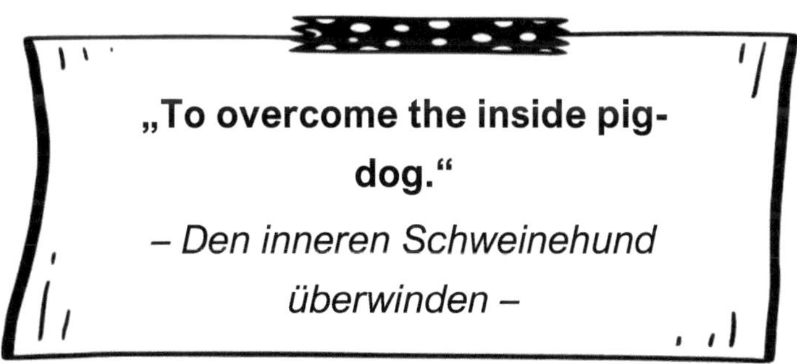

„To overcome the inside pig-
dog."
– Den inneren Schweinehund
überwinden –

Kapitel 14
Dads Verabschiedungen

Ist es schon Zeit, sich zu verabschieden?

Noch nicht ganz! Aber Verabschiedungen müssen auch nicht immer traurig sein. Man sollte nur die richtigen Sprüche kennen.

So wird aus einem „Goodbye" noch ein letzter Lacher. Plus Vorfreude aufs nächste Mal.

Die gängigsten Verabschiedungen findest du auf den nächsten Seiten. Stelle sicher, dass du immer fleißig variierst. So bleibt immer ein gewisser Überraschungsfaktor erhalten.

„Tschüsseldorf“

„San Franschüssco“

„Bis Baldrian“

„Bis Dennis“

„Bis später Peter“

„Bis Spätersburg“

„See you later alligator!“

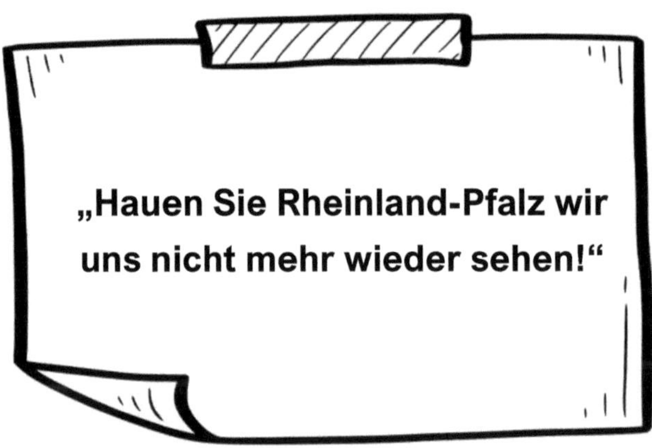

„Hauen Sie Rheinland-Pfalz wir uns nicht mehr wieder sehen!“

„Bis Dananas“

„Ich verabscheue mich!"

„Bis Denver!"

„Auf Wieder Tschüss!"

Kapitel 15
Jetzt bist du dran

Auf den folgenden Seiten ist deine eigene Kreativität gefragt. Schreibe deine liebsten Dad Jokes in die leeren Kästen. Wir sind uns sicher, dass du genug auf Lager hast – sonst hätte die Bibel ihren Weg gar nicht erst zu dir gefunden.

Um es mit den Worten von Papa Bernd Stromberg zu sagen: „Humor ist wie Gulasch. Dem einen ist es zu scharf, der andere sagt 'bäh' und der dritte isst gar kein Fleisch."

Also sei nicht zu perfektionistisch. Nicht jeder Joke gefällt jedem. Das gehört dazu. Hauptsache deine Liste füllt sich mit der Zeit.

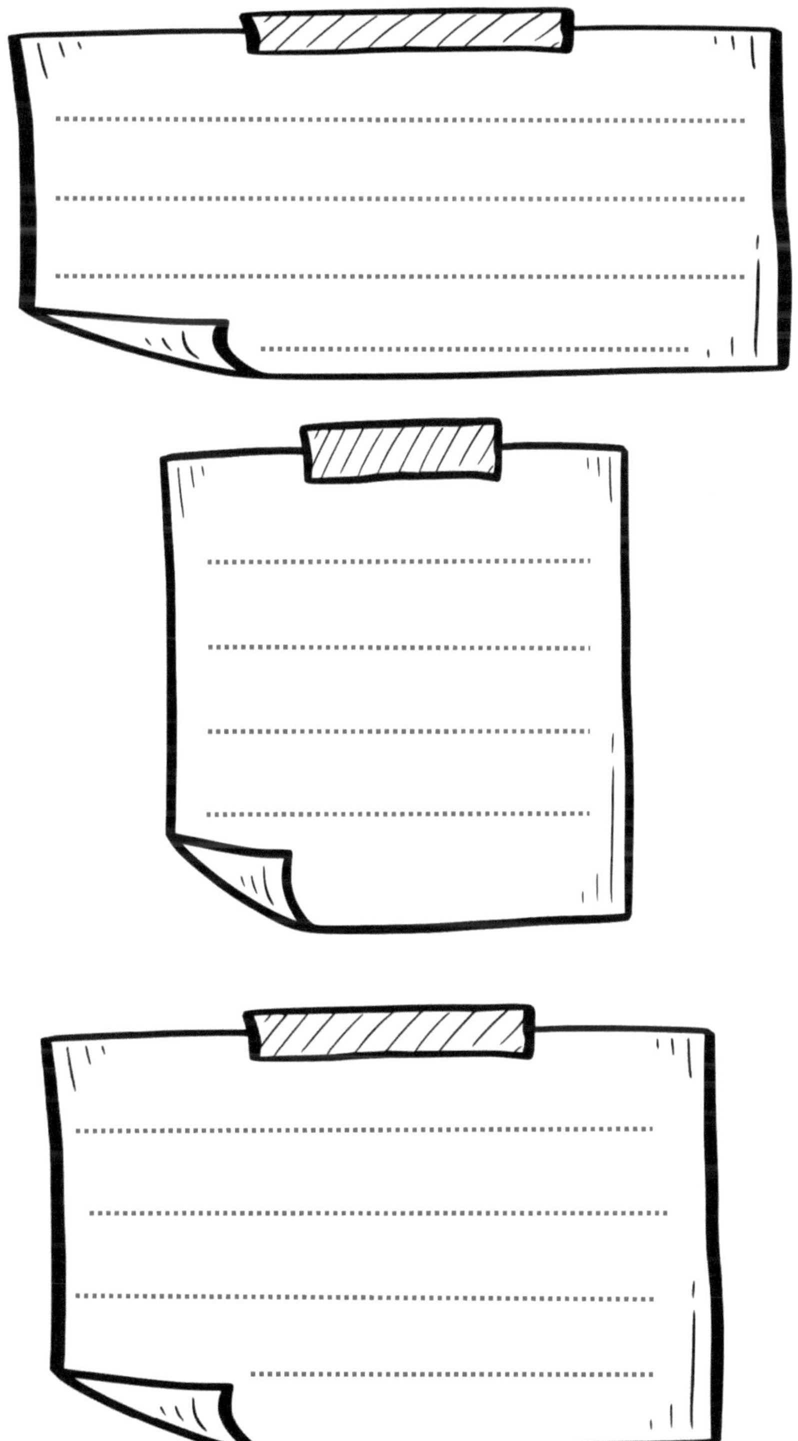

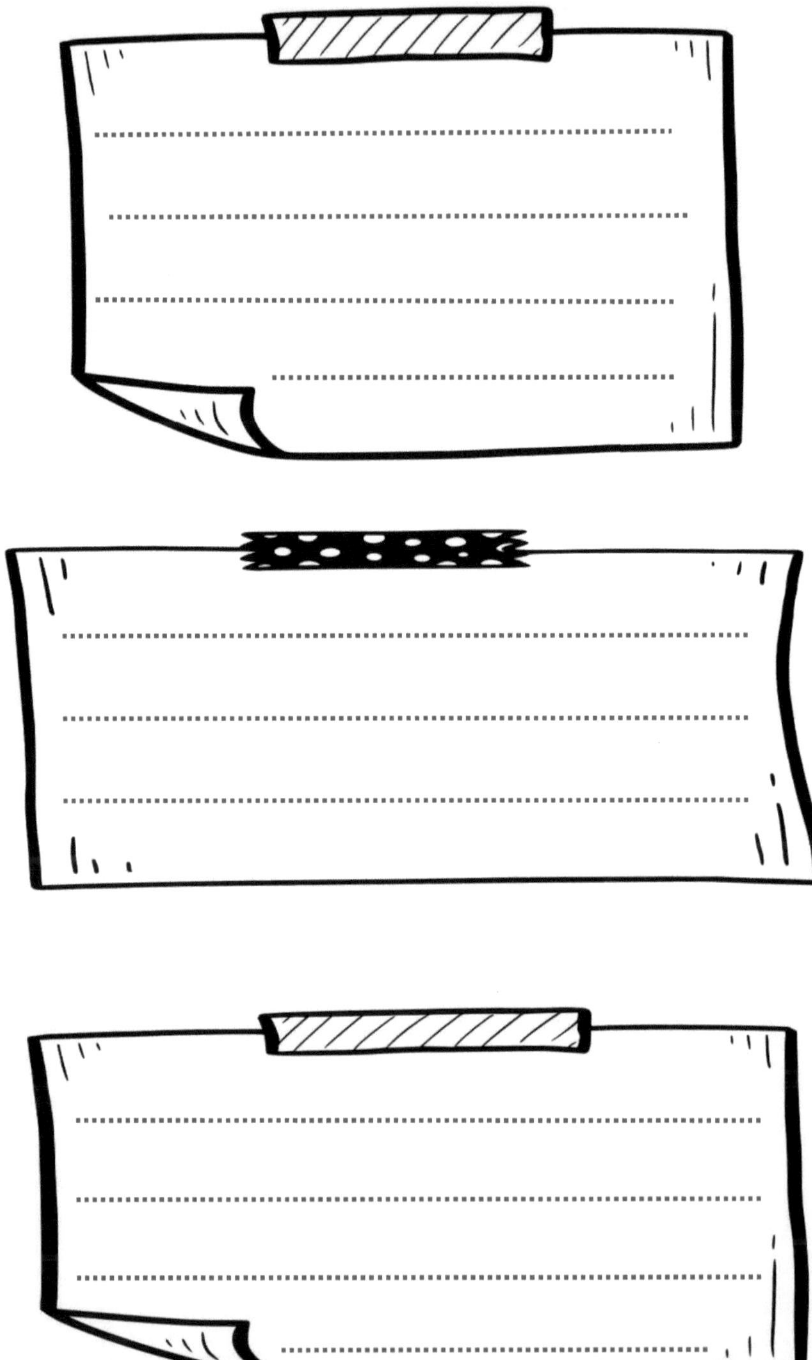

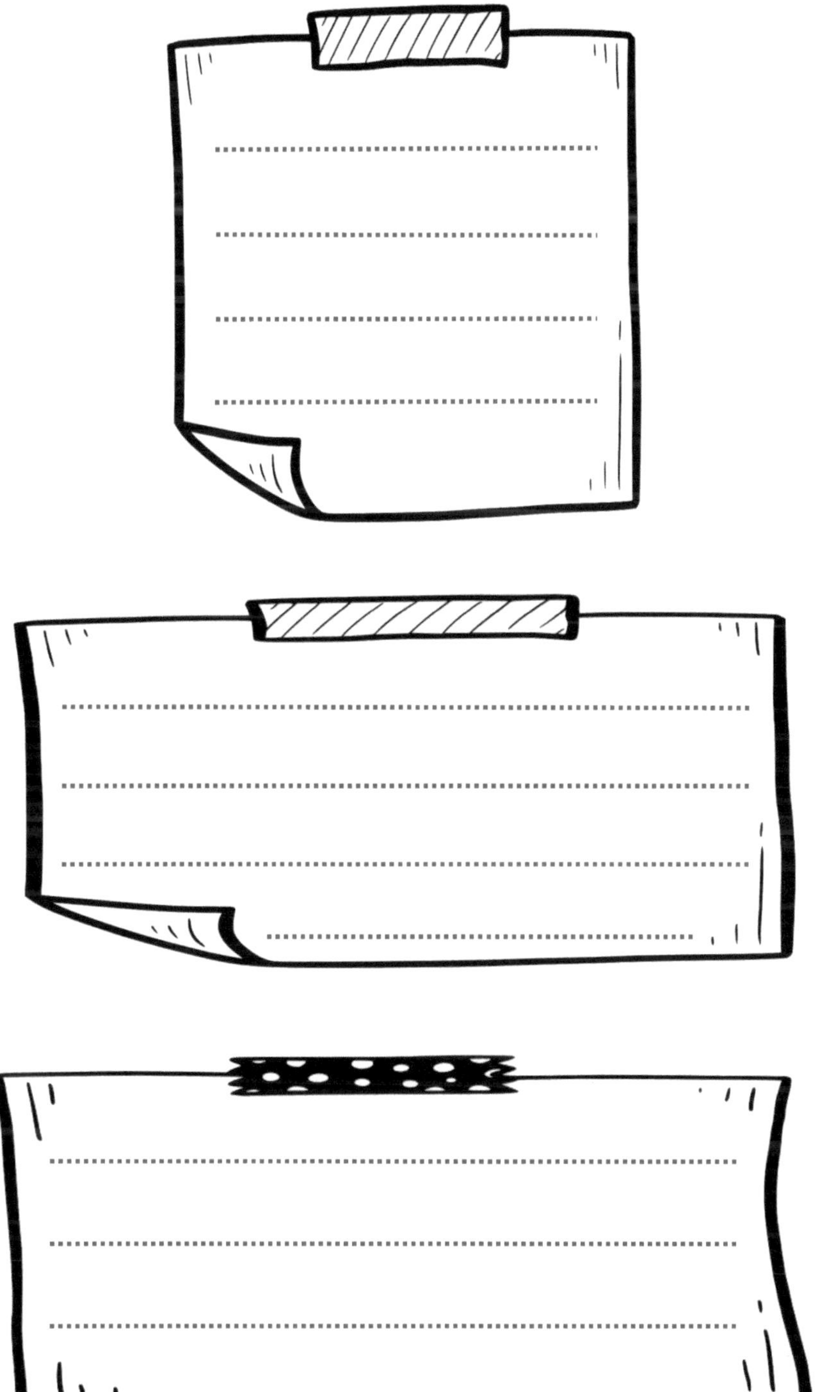